【暢銷紀念版】

一開口就讓人喜歡你

38招說話技巧，教你迅速贏得人心，

生活 工作 愛情 交友 無往不利！

黃正昌 著

推薦序1

受人歡迎，從尊重對方開始！

何飛鵬（城邦媒體集團 首席執行長）

坊間談論說話術的相關書籍，可能有千百本。但說到作者學養、涉獵領域之廣泛、舉例之活潑實用、以及將人際魅力學極寬廣化的論及職場、商場、政界、社會、兩性、親子、婚姻、社群等各個層面，我認為它是其中極具特色、最值得推薦的好書之一！

知名講師、暢銷書作者黃正昌從生活周遭所觀察、最貼切生動的實際案例、故事著手，逐一說明我們可以如何從基本功開始，例如肢體語言、表情、聲音……等等打造個人魅力；接著分別自職場、業務行銷、愛情、及社群新媒體等各個領域，一一打破溝通迷思。

或許是因為作者過去曾經受過專業表演訓練，當談到如何善用每個人所擁有的三種表情——面部表情、聲音表情及肢體表情去與人溝通時，所舉出的種種例子真的相當有趣，讓人心有戚戚焉。其中令我印象頗為深刻的一個觀點是，他指出：根據經驗，什麼樣的聲音表情最受歡迎呢？答案不是好聽的聲音，不是讚美人的聲音，也不是口才技巧最好的聲音，而是「最懂得重視對方」的聲音。

什麼叫作「最懂得重視對方」的聲音？當我們與人交談，若能抱持著一種態度：「不管這世界多大，有幾億幾千萬重要的事件發生，但此時此刻，在我心中，只有正在和我講話的你最重要。」抱持這種心境講出的話，就是「最懂得重視對方」的聲音。黃正昌以極其簡單的說明，點出人際關係學最重要的一個觀念，亦即溝通表達至高的境界，從來都不是滔滔不絕、口齒便給；討人喜歡的首要原則，也絕非逢迎拍馬，而是學會傾聽，時時把別人放在心上。

放在兩性關係來看，更別說溝通有多麼重要了！許多人在大眾面前是受人歡迎的當紅炸子雞，卻不代表在愛情面前也能桃花朵朵開，甚至找不到理想的對象。這時作者也提出一個有趣的觀點，他說：找不到對的人，往往是改不掉「錯誤的自己」；你要的幸福，就在「你不要的改變裡」。

我們可以一方面作自己，一方面讓自己成為受歡迎的人。例如許多講師以自信的光采宣揚善的理念，備受歡迎，這是公領域上的大眾形象，是經營「一對多」的正面印象；但愛情講求的不是「一對多」的學問，而是進一步和特定的人「一對一」，那就牽涉到私領域的事。

然而越是在公眾場合受歡迎的人，反而越容易跌入角色的迷思，緊緊握住「你不要的改變」。什麼叫作「不要的改變」？好比說一個業務銷售高手，講話風趣，為了行銷產品舌粲蓮花。這樣的人是很成功，但偏偏在愛情的路上，他這套風格未必奏效。因為「婚姻和愛情不是看舞台表演秀，一方表演給一方看；相反的，它是二人合演一齣幸福戲，雙方各負責一半。」黃正昌這比喻很妙，點出愛情中兩人的

「互為主體性」！

本書的溝通技巧，用於職場人際經營與商場談判更加有用，作者黃正昌在這塊著墨甚多！例如商場上談判的場合很多，有時你是處於劣勢者，更多時候則是狀況不明，或者雙方勢均力敵，甚至對方還暗藏玄機。他引用孫武《孫子兵法》的四招：「能而示之能」、「能而示之不能」、「不能而示之能」、「不能而示之不能」，一一舉例說明何時當用，並如何巧妙運用於日常生活的每個環節，包括親子、夫妻間的溝通，相信讀者看完後，必能大有斬獲！

總之，一本好書應該深度及廣度兼顧，有趣及有用併呈，我認為黃正昌這本書做到了，也希望讀者自本書得到深刻的啟發，讓自己由內而外成為一個受人歡迎、人際溝通圓融練達的幸福人！

推薦序 2

表達力，等於影響力

侯喬騰（日月知識股份有限公司 董事長）

正昌是個奇葩，才華洋溢，他釋放了他的天才。

我在「行為科學」的領域研究了二十餘年，深知每個人的體內都住了一個天才，但不是每一個人都可以成為天才，正昌做到了。

正昌有一個特質——思略敏捷，表達入味，他只要「口隨心轉」，自然水到渠成，對四周產生影響力。多年前的某個涼爽午後，在言語中看到正昌美好的未來藍圖，我相信此人非池中物。

當在表達一件事情時，他總會讓人看到畫面，生動得彷彿歷歷在目；不僅如此，他還會讓你啟動了情緒，接下來，很多事情都可能發生……

不僅只是那天的午後聊得愉快，而是每一次，你會想去擁抱他，這是我所認識的正昌。

運用我公司的評量，測出正昌是海豚，他充分了解自己的優勢——熱情、分享、樂觀，但不僅止於自我了解而已，他由此找到自己最適合的舞台，並持續在正確的舞台上，扮演適合的角色。

長期下來，他成為表達力的天才。出這本書，再自然不過了，他只不過寫出他相信的、寫出他正在做的、他做成功的，相信這本書可以幫助到很多人。

Chapter 1 個人魅力，從這些地方開始！

Chapter 2

愛情恆久遠，魅力永流傳

Chapter 3

好事壞事都傳千里，網網相連到天邊

Chapter 4

職場魅力，讓你前途亮麗

Chapter 5
無往不利的業務行銷力

楔子

關於受人歡迎的祕密……

不會做人，你的成功是暫時的；
會做人，你的不成功也是暫時的。

你看過身邊有很會做事、卻讓人很討厭的人嗎？除非你是不世出的天才、或是非你不可的人才，不然，出來社會走跳，「會做人」真地比「會做事」重要太多。因為當大家能力都差不多時，能與人和睦相處、到處受歡迎的人便會勝出，因為你讓人很舒服，這，就是你不得不知道、不得不接受的「潛規則」。

而「會做人」，常常是因為會說話、總能把話說得恰到好處。

張開嘴，你我都會說話，但「會說話」可就是門本事囉！君不見「一言興邦，一言喪邦」？好比你看到我理個大光頭，就說我看起來很像凌峰、蘇貞昌、或許信良，這跟說我看起來很像馮迪索，你猜我會比較喜歡聽哪個說法呢？

所以為何有人很努力、很有能力，但話不會說到人心坎裡時，一樣很難成功。因為當大家能力差不多、努力差不多時，自目者——敗！

送給大家會說話 vs. 不會說話的對比：

1. 會說話的老師讓學生如沐春風，授業解惑，無往不利；
不會說話的老師讓學生了無生趣，一知半解，自毀前程。

2. 會說話的學生讓老師記憶深刻，疼愛有加，用心栽培；
不會說話的學生讓老師刻意冷淡，袖手旁觀，頭痛不已。

3.會說話的老闆讓客戶甘心樂意，自掏腰包，免費宣傳；
不會說話的老闆讓客戶滿懷憤怒，僅此一次，關門大吉。

4.會說話的顧客讓老闆滿心歡喜，降價加贈，達到雙贏；
不會說話的顧客讓老闆相當無奈，堅守底線，兩敗俱傷。

5.會說話的男人讓女人小鹿亂撞，歡天喜地，以身相許；
不會說話的男人讓女人「一見你就討厭，再見你更傷心」。

6.會說話的女人讓男人服服貼貼，不敢亂來，天長地久；
不會說話的女人讓男人火氣很大，拳腳相向，始亂終棄。

7.會說話的長官讓部屬唯命是從，肝腦塗地，至死忠心；

不會說話的長官讓部屬陽奉陰違，暗箭傷人，絕不相挺。

8.會說話的部屬讓長官龍心大悅，刻意提攜，加薪封爵；不會說話的部屬讓長官相當不爽，打入冷宮，永不超生。

9.會說話的人一生總是逢凶化吉，左右逢源，貴人不斷；不會說話的人一生總是打擊不斷，一事無成，小人纏身。

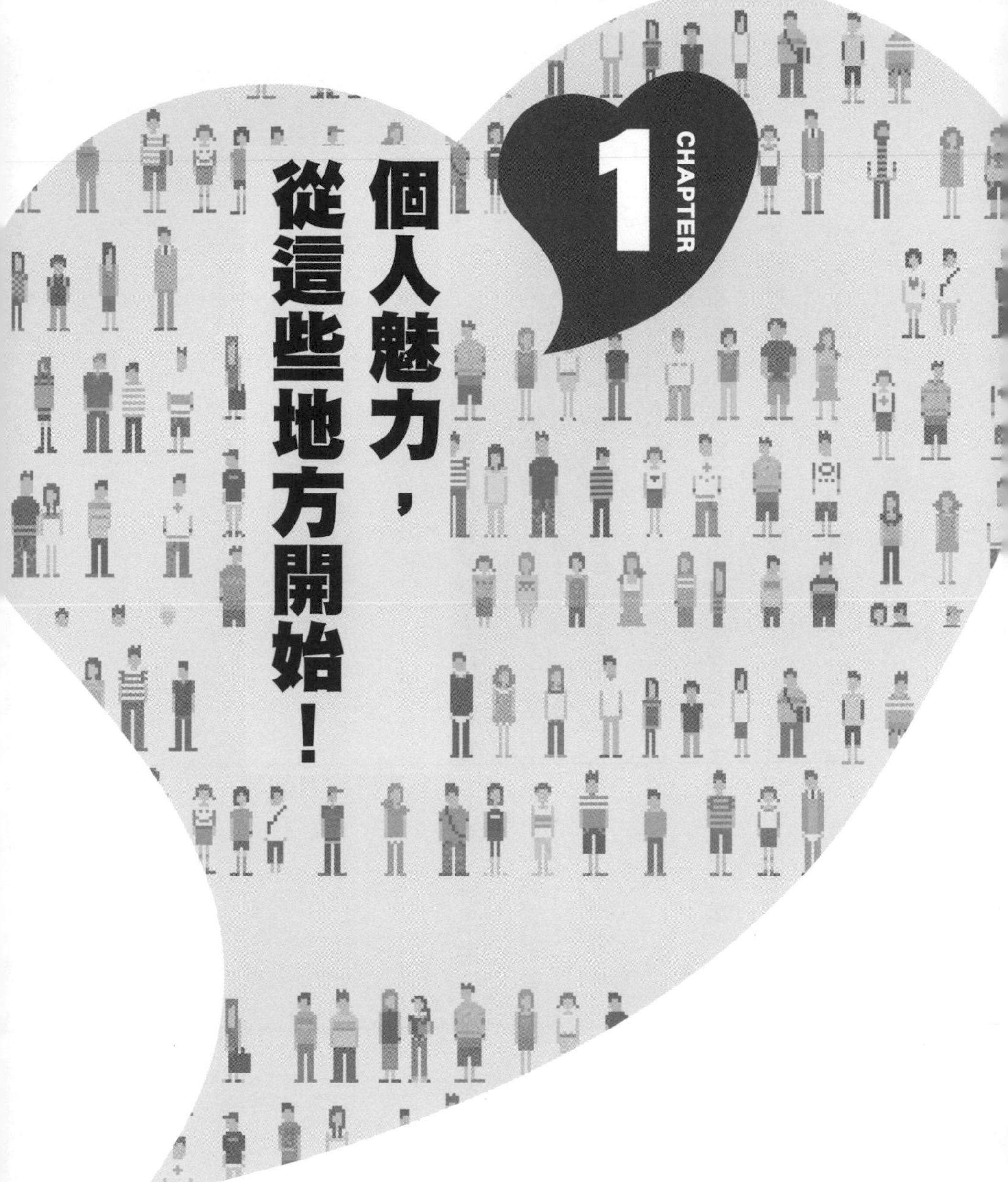

CHAPTER 1

個人魅力，從這些地方開始！

先來分享一個故事。

雖說是故事，卻是生活中常見的情境：

辦公室下午茶時間，幾個業務同事們正聚會，吳祕書與匆匆的進茶水間，拿出新買的手機：

「Hello！Hello！妳們看，這是我新買的 iPhone，排了兩個月才拿到呢！」

業務張小姐，很捧場的立刻說：「喔！太棒了，妳買到 iPhone 6了，我想買這款想好久了呢！妳真有辦法。」邊說臉上還露出崇拜的表情。

業務李小姐，表現更熱情，彷彿是她自己買到手機。「哇！我就是喜歡這款啊！銀色好好看啊！我喜歡這種太空灰的質感好久了。好喜歡、好喜歡……」

其他幾個業務，也都很湊趣的說，好好看啊！但很明顯的就只是應付而已。

像是業務王小姐，就邊看著吳祕書的手機，邊說：「很棒啊！不錯的手機。」只是聲音冷冷的，沒什麼表情。

一個月後，公司有一個機會難得的海外參展機會，等於出差兼旅遊，費用都由公司出。業務部有兩個名額，老闆問吳祕書的意見，吳祕書就推薦了李小姐和張小姐參加。

也因為這次的參展機會，李小姐和張小姐讓老闆有更多機會看到她們的能力，後來這兩人隔年都晉升為主管。

這個故事帶給我們什麼啟示？

我幾個朋友跟我說，他們覺得張小姐和李小姐太虛偽了。

很好，我也覺得似乎有點虛偽。但重點是，什麼叫作虛偽？虛偽的反面是真誠，所以在人際關係中，什麼又是真誠？

難道說，每個人都要表現出「最真實的自己」，業務員看到陌生人就直說：「我看你不順眼」？員工對老闆說：「我幫你工作但我心裡很不爽」？真的要這樣嗎？

那我想，在人人都真誠的社會中，沒有生意做得起來。

在職場上十幾、二十年來，我看到了許多正向的人際關係案例，以及更多負面的人際關係例子。

而往往那些有負面人際關係的人，不論家庭事業，就是不會那麼順利。

但通常這樣的人，不會覺得問題出在自己，而會指責，都是別人太虛偽，這個社會太虛假等等。

不客氣的說，這簡直是現代版的阿Q了，追求一種自以為是的精神勝利。但難道我們一輩子就要讓自己這樣阿Q下去嗎？

讓自己成為一個有魅力的人，就是讓自己成為一個受歡迎的人。

而做好這一切，可以從人的三種表情開始。

Lesson 1

可以三「心」二意，但不要三「情」二意

有時候會碰到讓我們三心二意的狀況，剛剛相中一件黑色長大衣，覺得不錯，正準備拿出信用卡，此時又看見另一件白色風衣，也很吸引你。這時，你三心二意了。

這樣的事常發生，只要不妨礙他人，無可厚非。

但，若發生三「情」二意，卻絕對會讓你的人際關係大大扣分。

什麼是三情？就是指人的三種表情。

上天是公平的，祂給每個人三種表情。不論外表美醜，也不論是男是女、是何

行業。只要掌握好這三種表情，人人都可以讓生活過得更美好。

第一種表情，是面部的表情。

我們人的臉由五官構成，看相的人說：「相由心生。」你內心的喜怒哀愁，臉部都展現得出來。但EQ高的人，可以做到內心痛苦，表情卻仍然顯得正面積極。

第二種表情，是聲音的表情。

別以為聲音沒表情。你有沒有見過，一句話讓整個場子熱起來；相反的，一句話也可以讓場子冷下去。那感覺就好像是一個笑容滿面的人走進來，對照於一個滿臉殺氣的人走進來的效果一樣。

第三種表情，是肢體的表情。

肢體動作伴隨著你的話語和聲音，可以形成一種影響對方的力量。如果說的話是正面鼓舞的，肢體動作和聲音卻是冷冷的，那就像你一面開車，一面卻又不斷踩煞車一樣，再怎樣催油門還是燃不起衝勁。

每個人可以透過這三種表情，讓接受這些表情的人感到快樂。

當老闆快樂，你的工作就會更順利。

當伴侶快樂，你的愛情就會更幸福。

當客戶快樂，你的業績就會更飆升。

當你讓更多人快樂的同時，你就會讓自己成為更受歡迎的人。

牛頓的力學原理，當你施加一分力量的同時，會有一分等值的力量回饋給你。讓更多人快樂，你自然而然吸收到這些快樂的回饋。

中國古哲有云：「要怎麼收穫，先那麼栽。」要想讓人喜歡你，你就要栽種讓人喜歡你的種子。

三情二意，就好似你本已栽下了可以讓人喜歡你的種子，但你自己卻又刻意把那顆種子給糟蹋了。

回到前面那個故事。

當吳祕書興匆匆的拿出新的手機出來和大家分享。以實務角度說，手機買來可以用就好，若手機有問題，該去找通信行，而不是找同事。吳祕書要拿手機給大家看，唯一的目的只有一個，那就是「**想看別人興奮的樣子**」。

這是一種社會交流的習性，你不能說她是純炫耀。好比說，今天你要結婚了，或今天你的小孩滿週歲了，你是不是會快樂的分享？其中當然有炫耀的成分，但這是種分享快樂的炫耀，既不傷人，又讓場面歡樂，是讓人際關係熱鬧的一環。

好啦！現在明知道，吳祕書想要看到別人興奮的樣子，你一邊讚美，一邊卻表現得很冷漠。這樣的人別人不會說你是「真誠」，只會說你是「白目」。

現代一般人基本上都知道，在特殊場合裡，例如婚宴場合，說話要吉祥吉利，笑臉迎人，不要哭喪著臉去殺風景；在喪禮場合，也不可嘻皮笑臉，講話不得體，不尊重別人，更貶低自己。但許多人就是犯了「三情二意」的錯，也就是臉部、聲音、及肢體，三種表情不一致。

好比有個人擔任喪禮司儀，他嘴巴說的是：「請大家用恭敬的心情向亡者最後告別。」但他講話的聲音卻興奮激昂；或者，剛打完架的雙方，被老師叫來握手言和，雙方一邊嘴裡說對不起，一邊卻仍緊握拳頭，隨時想衝過去打人。三情二意，不但得不到原本的正面效果，甚至比什麼都不做還糟。

我常說三種表情，是一種乘法效應，而非加法效應。

加法效應：1＋1＋1＝3

以談話來說，若你具備臉部表情，也具備聲音表情，但卻沒做好肢體表情，那用加法效應來說，就是1＋1＋0＝2；但談話，以及它帶給人們的印象，卻是乘法效應。

1×1×1＝1（一個比較大的一）

如果你和對方談話，聲音表情做到了，臉部表情也有，肢體表情卻錯誤了。那就是 1×1×0 = 0，也就是以結果論來說，你在對方眼中，這次談話的效果是負面的，你是不受歡迎的。

因此，讓自己成為受歡迎的人物，請先掌握好自己的三種表情。

Lesson 2

你的眼睛會說話

經常我在演講的場合教人家說話的技巧，如何透過「正聲」、「雅言」讓聽者受用，讓對方喜歡你。然而若將見面交談比喻作攻城掠地，那麼在用話語「征服」對方心靈城堡前，你的第一波攻勢早已展開。

那就是「表情攻勢」。

常看電視電影的人一定看過這種畫面，在一個雙方劍拔弩張的談判場合裡，黑道大哥一出場，就以氣勢壓倒眾人，他光用眼睛掃過全場一周，在場的人不禁震懾於那目光，紛紛低下頭來。

再或者，在人群裡，忽然有一個風姿綽約的女子走過來，大家不禁停下腳步看著她，只見她回眸一笑，嘴角俏皮的上揚，這表情讓全場霎時如沐春風，三秒鐘忘記走路。

所有談人際關係的講師，第一個強調的絕對是表情。臉部表情做得好，甚至你還不用開口說話，就已經是有影響力的人了。

在這世界上，最不能重來的就是第一印象。

當第一印象在對方腦海裡留下錯誤烙印，甚至用一輩子的甜言蜜語都補不回來；相反的，若第一印象在對方腦海已形塑得很正面，那你人再怎麼壞，對方搞不好都還會找藉口替你解釋。在金庸小說《神雕俠侶》中的楊康，初見面就讓穆念慈全心為他傾倒，就算他變成大壞蛋也一樣；相反的，郭芙和神鵰大俠楊過一開始就交惡，後來即使明知楊過是正義大俠，但郭芙心中還是擺脫不了對他的厭惡感。

套在生活上，如果你去談一筆生意，客戶對你的第一印象不好，那之後你即便花了九牛二虎力氣，也很難競爭得過另一家廠商。不是有句話說：「**不要輸在起跑點上**」嗎？明明是個賽跑高手，但還沒開始跑，就已被判定輸了，你甘心嗎？

人類文明發展的表徵，就呈現在你的表情上。文明和野蠻的差距，人類之所以和其他動物相比，可以「贏在起跑點」，不正就是這一張張可以表現「社交力」的臉？

也許你口才沒有很好，也許你懂得的社交辭令不多，但只要善用適當的表情，你還是可以贏得別人的歡喜。

而贏得別人的歡喜，用另一句話來說，就是成為「**受歡迎的人**」。

怎樣做好臉部表情呢？

前面說的是「未語就先用表情影響對方」的例子，但在日常生活中一般的應對進退，又該如何做好臉部表情呢？很簡單，該笑的時候要笑，該哀傷的時候就要哀傷。

如果別人講笑話給你聽了，你卻沒有笑出來，那就會讓對方很尷尬。

笑有很多種，真正刺激到笑點，能夠讓你狂笑爆笑，那當然是最捧場的笑，但這無法強求。一般來說，至少要做到「面露歡愉，嘴角上揚」，說聲：「怎麼那麼有趣！」

其實，**社交的重點無他，尊重對方的感受而已。**

當一個人好心跟你分享一個笑話、感想、見聞，他沒有一定要你做什麼回報，他要的，只是你一個快樂的反應，一個快樂的表情，這要求並不高。相對來說，連這樣不高的要求，你都無法滿足對方，那你如何受到對方歡迎？

如果，你聽到笑話了，卻要裝酷沒反應，那結果不但讓對方沒有成就感，甚至還讓對方陷入困窘的境地。

試想，如果一個人每次和你談話，都得不到成就感；相反的，和另一個人講話，卻可以得到充分的回應，讓他覺得自己很重要。那就不要奇怪，為何另一個人比較受歡迎，而你總是坐冷板凳了。

而在臉部表情中，最重要的就是眼神。

俗話說，眼睛是靈魂之窗。再怎麼美的語句，搭配錯誤的眼神，讓別人覺得你的「靈魂」和話語不搭，那讚美的效果就大打折扣。

例如當你和人講話，卻不敢看對方，眼神飄來飄去的，給人一種沒自信以及不誠懇的觀感，這讓對方很不舒服。因為你眼神飄來飄去，會讓人無法對正你的眼神。我知道很多人就是不敢看對方，不看對方不是因為瞧不起對方，而有可能是害羞沒自信，特別是面對不熟的人都會這樣。但如果你想當一個成功的人，一個受歡迎的人，就必須克服這一點。

但也不是要你盯著人家，那樣又做得太過，甚至變成一種不禮貌。

我的作法是，當談話時，基本上整體的視線要看著對方，但不是分分秒秒盯著，而是帶著傾聽的態度，大部分時候都是看著對方的方向。然後最重要的是要搭配柔和的眼神，那種境界就像你去聽一場很棒的音樂會，完全融入其中的感覺。

俗話說：「眼睛會說話。」你那雙柔和的眼睛，時而露出專注（啊！原來是這個道理），時而露出笑意（啊！你講太棒了，我心有戚戚焉），時而露出訝異（啊！今天受教了，你真有學問），時而露出迷惘（啊！你的境界好高啊！），時而露出羨慕（這位大師，聽你一席話真好，下次一定要再聽），不論你有沒有一雙美目，當你用這樣「會說話」的眼睛，專心聽對方講話，就算一句話也沒說，也已經具備「無聲勝有聲」的效果了。

Lesson 3

善用聲音魅力表達：「你最重要！」

好聽的話人人會講，但有沒有注意，明明是同樣的話語內容，為何不同的人講出來，效果會不同，甚至印象完全相反？

同樣是「妳好漂亮」這四個字，當某甲講「妳好漂亮」，女孩子不禁臉紅心跳。因為某甲以誠懇的目光，搭配堅定的語氣，對方當然會怦然心動。

但當某乙講「妳好漂亮」，女孩子只感到尷尬不知所措。因為某乙以閃躲的眼光，搭配發抖的聲音，感情太明顯，對方反而嚇到了。

而當某丙講「妳好漂亮」，女孩子只感到厭惡轉身想走。因為某丙以帶點猥褻

的表情，搭配很豬哥的聲音，對方只感覺那人下流。

聲音當然是有表情的，從前面例子就可看出，同樣的四個字，卻有不同的「表情」樣貌。

任何人都可以從聲音判斷出對方是善意、惡意、無意、或隨意；更可以從聲音判斷一個是人快樂、悲傷、熱情還是冷漠。就算是一個「強顏歡笑」的人，敏感心細的人，還是可以看出他的「另一種表情」。

根據經驗，什麼樣的聲音表情最受歡迎呢？答案不是「好聽的」聲音，不是「讚美人的」聲音，也不是「口才技巧最好的」聲音，而是「**最懂得重視對方**」的聲音。

什麼叫「最懂得重視對方」的聲音？當我們與人交談，若能抱持著一種態度：**「不管這世界多大，有幾億幾千萬重要的事件發生，但此時此刻，在我心中，只有正在和我講話的你最重要。」**

抱持著這種心境講出的話，就是「最懂得重視對方」的聲音。

因為此時此刻「**你最重要**」，所以我們要用這樣的態度和對方交流，回應對方的談話。試想，如果你就是那個被認為「最重要」的人，不論是談感情、談事業、談交友，你會不會因此更喜歡對方呢？肯定會為對方加很多分的。

甚至當雙方身為敵人，好比是在辯論比賽的場合。在對敵的當下，都以最「重視對方」的心態來交流，最後不論誰輸誰贏，都會視對方為「值得尊敬的對手」。

相反的，在任何比賽的場合，如果你根本「視對方如無物」，那就是一種極大的侮辱。如果想讓一個人很快恨你，最好的方法無他，就是這招「視對方如無物」。

在生活中，我們要讓自己成為一個受歡迎的人。首先，便必須讓對方透過你的臉部表情及聲音表情，感知到「你重視他」。

一般的談話交流，最常用的回應的方式有兩種。一種是聲音表情，一種是臉部表情，這兩種表情一定要互搭。至於肢體表情，不一定在每個場合都用得上，但至少臉部表情和聲音表情要能夠正面呼應。

常見有人講話，是沒有表情的。

甲：「你看，這是我新買的平板電腦，他的相機具有很高的像素，還有夜拍性能喔！」

乙：「真的很棒！」（聲音平淡，表情懶散。）

甲：「我昨天晚上在家中庭院試拍，還請我太太當模特兒，拍攝夜晚的感覺，你猜怎樣？效果超好。你看，我給你看相片。」

乙：「很好啊！效果不錯吧！」（聲音沒什麼朝氣，表情淡漠。）

甲：「啊！我忽然想到，我跟人家有約，快遲到了，那我先告辭，改天再聊吧！」

一個講話沒有聲音表情、也沒有臉部表情的人，不管講的話是否正面，對於談話的對方來說，就好像不斷被潑冷水。如果人家每見到你，就覺得又要被潑冷水了，那如何讓人願意接近你？

有句成語：「有感而發」；發諸為聲音，因為內心有種種的感覺。這種感覺一定不會是平平淡淡的，好比說，你和一個人講話，從頭到尾，你貌似專注的聽講，但整個過程就只是「嗯！哼！嗯！哼！」，初始對方還認為你專心聽講，他很高興，但半小時過去，你還在「嗯！哼！」，那他就覺得你根本只是在虛應故事。

好的聽講者，一定要適時發出回應，並且具備不一樣的抑揚頓挫。

「啊！原來如此。」

「真的耶！好可惜！」

「讚！你做得好。」

「哇賽！你真厲害！」

不時出現這樣的回應，會讓對方聽了「龍心大悅」，並且在同時間對你的印象大大加分。

Lesson 4

不必千言萬語，只需肢體語言

每到選舉季節，許多候選人都紛紛掃街拜票。經驗證明，不論你的政見多有遠見，多麼造福鄉里，都比不上你和選民直接面對面的「肢體展演」。

透過肢體表情，可以讓你的影響力瞬間放大十倍、百倍。一秒鐘前，你還對這個候選人心裡抱持著：「有什麼了不起，還不是靠著老爸有錢才能出來選的。」下一秒，當這個「沒什麼了不起」的人，竟然熱情的拉著你的手，邊低頭邊充滿熱忱的說：「謝謝你，麻煩你了！」瞬間你就脫口而出：「沒問題，我這票一定投給你。」

不論在政界、職場、或情場上，很多人常納悶，明明我一表人才、學識經歷都完整，上台講話也言之有物，但為何每次最後結果我總是「高票落選」呢？那肯定是因為你在三種表情中的第三種關鍵表情、也就是肢體表情沒做好。

大人物特別需要展現肢體表情。因為生為名人，他們的聲音早已在各種場合讓別人聽見，臉部表情也經常在媒體曝光，喜歡、和不喜歡他的人都早已定調，再多的政見也不會因此多拉攏一個支持者。此時，突破僵局，讓自己受歡迎度再次破錶，就靠最後絕招，也就是肢體表情。

經常看到一個民眾，因為某個機緣可以親近大人物，好比說有機會近距離和首長拍照、好比可以和心儀的偶像劇男主角見面；或者遠的不說，就說職場上被集團總裁召見。此時當這些大人物很「親切」、「溫和」的和你握手，甚至拍拍你的肩膀時，由於原本心中有道自我設定的「大人物」制式印象，覺得他們一定都是「高高在上」的，一旦他們表現出和你平起平坐的善意肢體語言，很多人就會在一剎那間，心甘情願把心都交給這個人了。

有個實際的案例，我一個在大集團任職低階主管的晚輩朋友，平常私底下很愛罵他們集團老闆，說他是壓榨員工的壞蛋，但在一個特殊機會下，他榮獲那位「壞蛋」召見，雖然那次見面只有不到十分鐘，但從此他卻態度大轉換，成為忠心耿耿的「擁主派」。

其實過程也沒什麼，老闆除了陳腔濫調的勉勵話語，也沒說什麼有智慧的話語，那位老闆只不過是走到他面前，雙手輕撫著他的肩膀，用柔和但不失威嚴的聲音說著：「年輕人，你做得很好，公司未來就靠像你這樣的人了。」

霎時，我那位原本愛耍酷搞叛逆的晚輩朋友，竟然淚崩了，哭到不能自己。

此時老闆乘勝追擊，像對朋友一樣，用手環繞他肩膀，也沒再說什麼，就拍拍他幾下，這位「流下英雄淚」的年輕酷哥就被老闆征服了。

是的，這不是特例。事實上，凡是事業做得夠大的老闆們都善用此招，屢試不爽。

也許，很多人會暗罵，太假了！搞不好那年輕人一走出房間門，老闆早就忘了他姓啥名啥了。但信不信，就算我事先告訴你老闆會用這招，大部分人一旦身歷其境，還是忍不住心中會對老闆興起好感。

這就是肢體表情不可擋的魅力。

也許你說，我沒有要成為大人物，我只想在日常生活中能夠受歡迎，但那也是同樣的道理。一個肢體表情做不好的人，人際關係一定會被扣分。

常聽一個人講話，其實內容也沒什麼特別，但因為他聲音唱作俱佳，搭配上精采的手勢，於是你就覺得他談話很吸引人。

當人與人間互動時，講話內容到位了，聲音也到位了，包括表情也都充滿熱情，但肢體語言沒做好，結果功虧一簣，甚至給人負面的印象。

例如，雙方談話，你讚美對方：「這件事做得很 Perfect 嘛！」同時用熱情的語氣說出這句話，但講話時，卻兩手交叉放胸前，身子不當的擺動。本來是一句讚美的話，搭配錯誤的肢體語言，一下子變成是一種「挑釁」，好像意思變成是：「喔！這件事你做得很 Perfect，怎麼樣，你很了不起是不是？」

有句話說，感覺比語言快十倍。

在你還沒開口前，感覺已經先傳達出一個印象給對方。如果這印象是負面的，那即便後來談話內容是正面的，也要花一番工夫，才能化解先入為主的壞印象。

有很多負面的肢體表情，一定要避免。例如前述所說的雙手交叉抱胸，這是一種帶著強烈的防衛動作，意思是：「你說什麼？我不信任你。」

而現代職場人常見的另一種負面的肢體動作，就是邊講話，邊看手機。從前沒有手機的時代，人們會不時看錶，表示不耐煩，意思是：「你到底講完了沒？我很忙，可否不要再講了。」手機普及後，現代人人時時刻刻都在看手機，其實不一定是在趕時間，只是習慣性使然，要看有沒有即時訊息。但這在談話中是很忌諱的，對方會想：「如果你覺得我那麼不重要，那下次還是不要見面吧！」

除了不要表現一些負面的肢體表情外，依照和對方的相熟程度，最好還要表現一些積極的肢體語言。例如，如果對方是好友，或者是同性別的普通朋友，配合講話語氣，搭配一些肢體動作，會讓別人對你的印象大大加分。

例如李太太對王媽媽說：「我的孩子剛考上建國中學。」

王媽媽：「唉呀！恭喜恭喜，你的孩子好厲害喔！真是光宗耀祖耶！」

並且王媽媽很熱情的拉著李太太的手：「李太太啊，妳一定要告訴我，妳是怎麼教小孩的呀！我家那個都不讀書。」

其實李太太會講孩子考上建國中學，真正的目的，還是要炫耀自己很會教養小孩，此時王媽媽這麼「捧場」，當然讓她喜形於色，立刻不吝分享。

可想而知，王媽媽會被列入親朋好友間的「最受歡迎名單」。

我的朋友經常都喜歡聽我演講，他們說我的演講，是真正的演講。所謂演講者，就是既「演」又「講」。

如果是只講不演，如同很多學校老師上課一般，學生聽了昏昏欲睡。

如果是只演不講，那就是言之無物、只是殺時間。很多譁眾取寵型的講師，單靠噱頭吸引學生，但久而久之，學生發現上課都只是在看老師表演，沒具體知識內容，還是會逐步離開。

所以切記，「演」的魅力及威力，可是不遜於「講」喔！

Lesson 5

九大法則累積你的受歡迎點數

不知道從哪一年開始，各家便利超商都在玩集點遊戲，從原本的單一行銷作法，變成超商的基本作法。每次去超商買東西，除了發票、找零外，還會拿到一張張的「點數」。

在超商買東西集點，可以兌換HELLO KITTY公仔、各種可愛文具，或什麼卡通杯等等。但其實，我們每個人在交際的場合裡，也都是在「集點」。只不過這集點不是換來實體的什麼娃娃，而是換取你的「受歡迎度」。

每個人都想快速累積自己的受歡迎度，但要如何累積呢？

當你能力很強、很受重視、專長難以取代、甚至有些事非你不可時，你受不受歡迎？是的，你很受歡迎。但這種基於「現實面」的歡迎，力道總是不夠。是不是哪一天你熟悉的技能被取代了，你就被棄如敝屣呢？這是非常有可能的。

當你資歷夠深，在業界人家都尊稱你是大哥、大姊，那算不算受歡迎呢？是的，你受歡迎，但任何的感情，若帶著點權威的成分，那就不是實質的受人歡迎。不是有句話說：「當人們對你感到敬畏是因為你的制服，那麼脫下制服，你就失去了敬畏。」所以，當人們對你逢迎只是因為你的職銜，那你卸職後，就是個 Nobody（無名小卒）。」

那怎樣的人才能實質的永遠受到歡迎呢？靠著日積月累，善用人際關係，散發出真正屬於個人的魅力，才是屬於你永久的「受歡迎值」。

套用現代御宅族最愛的線上遊戲術語，想要在社會上生存，除了兩大必備數值：Exp（經驗值）、HP（生命值）要夠之外，還有一個很重要的數值，就是 MP（魔法值）。

什麼是魔法值呢？在人與人互動時，魔法值高的人，就是可以「影響」更多人，也就是更讓人喜歡你的意思。

在此，我覺得卡內基的九大人際關係法則，是我最推薦讀者作為日常生活「積點」的方法。雖然他的理論已經問世超過七十年，但一點也不會過時，永遠是我們培養人際關係時最有效的準則：

在此和大家分享這九大法則：

卡內基人際關係法則一：**不批評、不責備、不抱怨。**

卡內基人際關係法則二：**給予真誠的讚賞和感謝。**

卡內基人際關係法則三：**引發他人心中的渴望。**

卡內基人際關係法則四：**真誠的關心他人。**

卡內基人際關係法則五：**經常微笑。**

卡內基人際關係法則六：**記得別人的名字。**

卡內基人際關係法則七：**聆聽。鼓勵他人多講自己的事。**

卡內基人際關係法則八：**談論他人感興趣的話題。**

卡內基人際關係法則九：**衷心讓別人覺得他很重要。**

我把這九大法則分成兩大類別，一個是保守基本面，也就是你「基本要做到的」，否則你不但無法受歡迎，甚至將名列被討厭的黑名單；一個是積極面，這也是一般人比較少做到的，但若能多做到這一點，你將累積更多受歡迎點數。

保守基本面的作法，就是你若不能主動做什麼，至少不要做些負面的動作，包括與人交流不批評、不責備、不抱怨，要經常面帶微笑。還有，你最好能夠記得別人的名字。口才好不好沒關係，但一定要懂得聆聽。

若能做到這幾點，至少你會成為一個「不被討厭的人」。

但我還是鼓勵讀者，有心和人交流，只要再多努力一點點，就可以從「不被討厭」昇級到「受歡迎」。這一點也不難，只需做到：

◎當你在和人談話時，除了聆聽外，要適度鼓勵他人多講自己的事。

相信我，若問全世界多數人他們最愛的人是誰？答案一定是「他自己」，其次才是愛人、父母、上帝等等。當你讓人們多談自己，對方也會感覺到你對他的「厚愛」。當一個人把自己內心都和你分享了，他當然也要把你升級為重要的人（否則他為何要和「不重要」的人分享他的內心？）。

◎在各種人與人間互動的場合，一定要適時的給別人真誠的讚賞和感謝。

請注意，讚美有很多種，虛情假意的讚美，只會讓人覺得你是在逢迎諂媚、拍馬屁，因此，讚美之前也是要做點功課的。諸如稱讚一個七十歲長者，說她「很漂亮」；稱讚一個肉商是「積德的大善人」，怎麼聽都覺得你的讚美有點像是在諷刺，這樣的人際效果可能弄巧成拙。

◎與人交流時，一定要談論他人感興趣的話題，並且把握各種機會，讓對方覺

得他很重要、他被重視了。

在各種社交場合裡，最讓人反感的就是「自吹自擂只講自己豐功偉績」的人。這樣的交流只適合在學校，老師授課給學生往往是這種模式。但即便是教育，一個好的老師一定也懂得讓學生自己發揮，善用自己的思考力站起來發言。

在社交場合，若只一味想當別人老師，那大家下次為了不想再「當你的學生」，一定遠遠看到你就敬而遠之。相反的，若你時常給對方機會，讓他可以「當當老師」發表高見，那肯定下回他會很樂意再見你。

九大法則，不需要高深技巧，人人都做得來，只看你願不願意，好好的為自己的人際關係「積點」。

Lesson 6 成就別人，就能造就自己

除非，你百分百身體健康、家庭幸福、既富且貴，生活中完全不需要他人，或者你在孤島上一個人生活，被逼得凡事都得自己設法，否則，我所認識的任何人，都需要另一個人。

每個人都需要養家活口，需要老闆更多關愛，或得到更多的客戶；就算是不缺錢的人，至少需要律師、醫師、老師這三師，也需要愛人和朋友，讓自己不寂寞。

人在這世上都或多或少需要其他人，所以每個人無可避免都需要經營人際關係。然而，人際關係最忌諱「臨時抱佛腳」的作法。

我們都碰過這樣的事：許久不見的老同學打來，明明八百年見不上一次面，卻突然來電，問候你的家庭事業，突然「關心」起你了。當接到這樣的電話，八九不離十，對方閒扯淡幾分鐘後，就會導入正題，要跟你借錢，或者要你買什麼產品。

也許，對方來電時作足了卡內基人際關係九大法則，但你心裡就是不舒服，因為你知道對方不是真心誠意的。

所以要建立好的關係，平常就要累積基礎。佛家有句話講得好：「我們平日要建立善緣，要積陰德」；《聖經》【提多書】也說：「不要毀謗，不要爭競，總要和平，向眾人大顯溫柔。」

但要怎麼累積基礎呢？除了善用卡內基人際關係九大法則外，我有一個快速提升積點的方法，那就是加強「讚美的力道」。

這件事如此的重要，卻又如此的常被忽略。就我來看，我覺得人們每天都有無數個可以「積點」的機會，但卻被太多人白白浪費了，就好像明明有很多合法的現金放在一旁等你拿，你卻只是視而不見的經過，非常可惜。

什麼是你積點的機會呢？可以說「**每次談話都是積點的機會**」。

每個人都需要被讚美，並且這讚美要和他的專長有關。

我與人談話的模式，不論談的是什麼生意，我絕對三句兩句就插入一句類似這樣的對白：

客戶：「我覺得這產品很符合你的需要。」

我：「真的好感謝你，和我分享這樣的產品資訊。」

員工：「老闆，提交上個月的業績報表給您過目。」

我：「還好有你，公司的運作我都不擔心。」

太太：「老公，晚餐煮好了，快來吃吧！」

我：「真幸福娶到妳，光吃飯這件事，我就覺得好享受。」

人類存在的三要素是：「陽光、空氣、水」，但對我來說，生活存在有四要素，就是「陽光、空氣、水、與讚美」。在日常生活中，我運用讚美，就像呼吸一樣自然，並且是真誠的去發掘每個人的優點，這已是根深柢固的習慣，也造就了我良好的人際關係。

生活中太常看到，身在寶山旁，卻因不懂讚美、空手而回的案例。感覺上，許多人就只為了取得金雞蛋，而老是把金雞母殺死。

另一種快速積點的辦法，甚至不用花時間讚美別人，只要懂得關心對方就好。所謂關心，最淺顯易做的方式就是「傾聽」，告訴對方我很「重視」你，更有力道的方式是多提問幾句關懷的話，加進誠心的肢體互動，如握手、拍肩等。

雖然聽來沒什麼，但這簡單的道理，在人際關係上卻很有效。

做業務的，要拜訪客戶，第一優先要談的是客戶，第二才是產品。產品這回賣不出去，沒關係，客戶還在，總有一天還是有機會的。但若沒抓到客戶的心，就算把產品講得天花亂墜也賣不出去，或者，你可以因三寸不爛之舌強迫客戶買單，但下回他再也不會和你做生意。

以下是常見的例子：

保險業務員甲去拜訪林先生，先開口寒暄一陣子，根據事先做的功課，大力的稱讚林先生事業有成，是個令人尊敬的企業家。接著話鋒一轉，鼓勵林先生買最新推出的人壽保險，是個可以節稅的好工具。此時林先生忽然提到，他昨天聽醫師說他有糖尿病的徵兆，要注意養生。某甲露出關懷的表情，說聲：「林先生，你要保重喔！糖尿病的人飲食要特別注意。」接著又把話帶回原本的話題，繼續講解他的保險。

另一家的保險業務員乙也去拜訪林先生，同樣的，他在初次見面就大力讚揚林先生，也同樣有好的保險產品要和林先生分享。只是，當林先生提到他可能有糖尿病時，業務員乙立即放下手邊的保單，握住林先生的手，告訴他：「不要擔心，這是現代人常有的病症，可以跟我多聊聊醫生和你說什麼嗎？」接下來一個小時，業務員乙完全在聽林先生講話，半句也沒聊到保險的事。最後要走的時候，業務員乙也沒多做推銷，只是要林先生多注重飲食，保重身體。

結果如何呢？第二天林先生主動打電話給業務員乙說：「你不是有保險產品要介紹嗎？我很有興趣，約個時間來談談吧！」至於保險業務員甲，雖然之前講得口沫橫飛，把保險的優點分析得透徹淋漓，但他給林先生的資料，早被丟到垃圾桶去了。

日常生活中，我可以看出誰有「受歡迎的潛能」，不是長得帥的，也不是口才一流的，而是那些懂得把握機會時時「積點」的人。

與人談話時，明明知道對方有很多優點，卻一句也不在談話中應用的人，絕對不會成為受歡迎的人；知道對方優點，也懂得讚美對方，但卻用來作為社交禮儀，而無法深入成為一種全程的互動，也就是不懂得把對方當成重要的人，這樣的人還是無法受人歡迎。

有句話說：「**成就別人，也造就自己。**」善於人際關係的人，一定也是最懂得把握時機「成就別人」的人。

Lesson 7

假誠實真白目，是談話大忌

經常聽到一些人際關係不好的人，半自我安慰、半自我辯護的說，他之所以不會講話，是因為他「個性太直了」，甚至有人會說：「大家都不想當壞人，只好我來當了，你們都不敢講實話，那就我來承受壞蛋的罪名。」

難道說人與人交流，只能說好聽話，不能說實話嗎？這樣的社會會不會太虛偽呢？

這問題要分兩個層面來講。第一，講好聽話就一定是「謊話」嗎？

每個人和每件事本就有多重的面相，明明同一件事，有很多個角度可以談，你偏偏要揀缺點來說，並自以為是「真誠」，其實這只不過是另一種形式的「蓄意找碴」。

第二，針對缺點，還是有些場合要說實話吧？

是的，在此強調，本書教你成為一個受歡迎的人，但絕沒有教你成為一個「言不由衷」、「睜眼說瞎話」、甚至「指鹿為馬」的人。

到底什麼時候該說實話，什麼時候又該說禮貌正面的話？答案在於「時機點」，且說出的話有一共通目的，一定都是「為了對方好」。

再以前面舉過的銀色手機為例。若當時情境不是吳祕書「已經」買了 iPhone6，而是「準備」要買 iPhone6，那時機點上，因為要討論的事尚未發生，所以這時就是「說實話」的切入點：

「吳小姐，我看 PPT 討論版留言，iPhone6 好像有些問題，妳要不要多分析比較看看。來，我提供妳討論版網址！」

「吳小姐，我剛好這陣子也有在研究該買哪款手機，有搜集些資訊，iPhone6

金色款有許多網友批評看起來比較俗，妳參考看看。」

由於吳祕書尚未採取購買行動，錢還沒花出去，這時所有的建言，都是一種關心，其結果是「對她有幫助」的。

反言之，若已是既成事實，即使你提供建言也已於事無補，那這時你還堅持說「真話」，那別人就只能給你兩個字評語：「白目！」因為你的話一出口，只能造成雙輸局面，對方不高興，你也從此被列入不受歡迎的對象。

這種白目的人多嗎？老實說，還不少。並且最常出現的情況，就是「自以為和對方很熟了」，以為開開玩笑，彼此是好麻吉，不會生氣。事實上，對方表面是不好發作，但久而久之，再熟的朋友也會變成「有空再聯絡」的朋友。

有句話說：「哪壺不開提哪壺。」就是指這種白目的情況。

常見的情況，幾個老同事聚餐。

「嗨！老張，兩個月不見，你肚子越來越大了，自己都看不到皮帶了吧！」

「唉！小林啊，我看你的髮量稀疏了喔！要不要我介紹你生髮祕方？」

或許當天大家還是談笑風生，但被批評的人肯定已經內傷了，人人都會老，身體變形掉髮是老化的自然結果，你不去聊對方的事業成就，不去聊對方的快樂家庭，偏偏要去談這些難以改變、讓人聽了不舒服的身體缺點！也無怪乎，有的人一開口就讓人討厭。

需要看時機的場合非常多，也許在不注意時，你也犯了這樣的錯。

例如，考完試後家長罵孩子：「怎麼成績那麼差？」都考完了，罵這幹嘛?!只會讓孩子更難過，還不如跟孩子說：「看來你數學需要加強，沒關係，爸爸有空幫你多複習數學。」

例如朋友失戀了，你的安慰方式是：「早告訴你那男人不可靠，你就不信，現在吃虧了吧？」請問，講這句話除了證明「你很厲害」、「有先見之明」外，它安慰得了朋友嗎？只能幫倒忙吧。

當有人很煩，在跟你訴苦的時候，這時也別先急著講述大道理，此時，首先表達同理心、與對方同仇敵愾，也就足夠了。

例如有人收到一張高速公路的超速罰單，她很生氣的大喊：「真倒楣，三千元就這樣飛了！」

同事A：「政府根本就是在搶錢嘛！要是我，整天都會很不爽！」

同事B：「誰教妳要開那麼快？開慢點不就沒事了！」

同事C：「政府缺錢缺成這樣，真是的！妳的車性能又那麼好，隨便一踩都嘛一百多……。不知道我們賺錢很辛苦嗎？所以以後還是要開慢一點，一方面安全，一方面看緊我們的荷包。」

以上三個同事的回答，同事A只有同仇敵愾，同事B根本就是白目，而同事C則是先表現同理心，接著再給出建議。同樣是不希望朋友開快車，但對方正在氣頭上，直接給建議，當場她實在聽不下去，徒然顯得你白目，這就是建言要看時機的學問。

雖然《論語》有提到交友要「友直，友諒，友多聞」，「友直」就是指朋友間說話要「直」，實話實說。但孔子也說過：「非禮勿言」、「言人之惡，非所以美己；

言人之枉，非所以正己。故君子攻其惡，無攻人惡。」說話，是要看場合、時機的。

再強調一次，

已成定局的事，多說無益，說了只會讓人討厭你。

但如果不是你主動提批評建言，而是對方主動請教你意見呢？此時，若說實話會惹對方不高興，但你又不想說謊，怎麼辦？

還是同樣的道理，同一件事有多種面向。若是「會造成對方傷害，不得不說的」，那就趕快說，例如：「這產品有化學成分吃了有害。」、「這電器報章報導有漏電疑慮，使用要小心。」這非得趕快說。

但如果不是這種情況，那麼講話應以「稱讚」為主，是夾帶善意的小小建言。

「這支手機很漂亮耶！但我聽說有人反應維修問題，沒關係，我知道妳很會照顧手機，應該不需要維修，但若真的哪天需要維修，我這邊可以提供資訊。」

或者，對方問你敏感的問題，例如一個開始中年發福的女性朋友問你：「你覺得我身材怎麼樣？」你可以回答：「妳看起來很健康，氣色很好。如果有機會再多做些有氧運動，那就更完美，簡直是萬人迷了。」

這些回答，都是既不傷對方，又間接提醒對方可以改善，利人又利己。

我喜歡聖經裡的一句話：

「凡事我都可說　但不都造就人；

凡事我都可以做　但不一定有益處。」

適當時機的「友直」，一樣可以讓你受到歡迎。

Lesson 8

不做「無效的讚美」

常和朋友講一個真實案例，我的某個好友，這裡就稱他為甲先生吧！他新買了一輛六人座房車，開到公司後，同部門的三個同事，有三種反應。

這三個同事，就稱他們為ＡＢＣ三位。看到甲買新車，ＡＢＣ都來恭喜，並且也都很捧場地說想搭搭看。於是甲先生分別在不同時間，搭載了這三位同事。

Ａ先生一上車就說：「你買這台車幹嘛？這台比較高，轉彎容易翻車耶！」

Ｂ先生一上車，則一味的稱讚：「好車、好車！」但也說不出好在哪裡。

Ｃ先生一上車則說：「哇！這台車視野比較高，這樣看出去有休旅車的FEEL

耶！哪邊塞車都可以看得很清楚，你都可以先閃過去。」

從三人的回應，就可以看出誰是受歡迎的人，現實生活也證明這點。

A先生講話老是不得體，雖然能力還可以，但就是高不成低不就，職位總是升不上去；B先生是好好先生，雖然常講好話，但就是讓人感覺「言不由衷」，大家表面上和他笑笑的，但實際上都不是真正的麻吉；C先生則不折不扣是辦公室裡最受歡迎的人，事實上他就是甲先生那團隊的主管。

由此可知，讚美也是有學問的。只要反應不太遲鈍的人，都分得出「言之有物的真讚美」、以及「虛應故事的假讚美」有所不同。

但同樣是讚美，為何B先生和C先生的評價差很多呢？關鍵點在於「參與感」。是的，真正受歡迎的人，受人喜愛絕非僅因為「言語動聽」，更重要的是「他願意參與你的事」。

所謂願意參與你的事，並不是指干涉你的意見，而是他做到了三點：第一、他用心去感覺你「重視」的事。（你正在炫耀你的車，所以他就去讚美這輛車）；第二、他本身也參與這件事。（對於這輛車，他以「他自己的」視野，提出「他的」讚美）。第三、他最終一定把榮耀歸給你。（最終，還是從他觀點推導出車主的「眼光好」。）

讚美人人都會，但為何大部分的讚美都成為「無效的讚美」呢？就是沒有做到上面的三個步驟。

最常聽見的「無效的讚美」，就是下面兩種類型：

＊不專業的讚美。例如：一個不懂車的人，講任何讚美你車子的話，都沒什麼效果。

＊不專心的讚美。一個只是虛應故事稱讚你車的人，你一定還是聽得出來

每個人試想，自己每天是不是聽到許多這類的讚美？從早晨進公司到下班離開，一天內總會聽到許多無效的讚美。

「Amy，妳今天穿得很漂亮喔！」（對方邊講話，邊心不在焉地看她的公文。）

「Amy，妳工作做得很好！」（但對方根本不知道妳負責什麼專案。）

「Amy，妳頭髮很美喔！」（其實妳昨晚太累沒洗頭，整個頭油油的。）

無效的讚美，不會為你加分，頂多只是做到不扣分而已。

但在某些情況，別人雖然明知你的讚美「不專業」，但還是會很喜歡你。例如，甲先生有個朋友乙跟他說：「雖然我一點也不懂車子，但這輛車讓我看了就好喜歡。」一先直言自己不懂車，再用非專家的語氣表達：「就連我這樣的非專家也喜歡你的車」，此時，讚美的效果就變成加分了。

另外有種情況，是對方讓你進入一種情境，逼你不得不回應他，這時就考驗個人功力了。

例如，好友張小姐帶她未婚夫來和朋友認識，對方是個禿頭，雙方聊著聊著不知為何，她未婚夫自我調侃的說，自己很醜，是個禿頭。

此時，你的回應當然不是順著他的話說：「對啊！好可惜，你是禿頭。」但也絕不是顧左右而言他，故意跳過禿頭話題，那反倒讓場面尷尬（因為那表示，你「默認」他醜的事實）。

最佳的反應應該是，立刻針對禿頭這個話題，從「正向」導入：「哪會醜啊？你是型男耶！一些世界巨星也是採用這造型，而且十個禿子九個富，你一看就是事業有成的帥氣企業家。」

我看過最白目的對白之一，是當張小姐未婚夫自謙他禿頭很醜時，某人自以為「善意」的，侃侃而談他所知道的治禿祕方，一講講了二十分鐘，也不會看人家臉色，雖然表面笑笑，其實內心已經三條線了。這人不但把焦點放在禿頭這件醜事上，還硬拖著當事人聊那麼久，無怪乎讓人厭惡。

當我們和人談話、自以為「懂很多」時，相對的，就是把別人當白癡。你自以為很懂治禿頭祕方，但難道身為禿頭的對方自己沒做過研究嗎？還用得著你在公開場合高談闊論。人家只是禮貌性的自謙，你卻跩得當起教授了。

凡是侮辱別人智慧的事，絕對是最受討厭的。

當在聊天場合，把對方當成不懂事的人，想教育對方；或是講些虛情假意、卻不明究裡的讚美，卻以為對方會很高興，這都有辱對方智商，絕對是社交場合的忌諱。

請謹記中國古語：「好話一出三冬暖，惡語一出六月寒。」學習說好話，並且是有意義的好話！

CHAPTER 2

愛情恆久遠，魅力永流傳

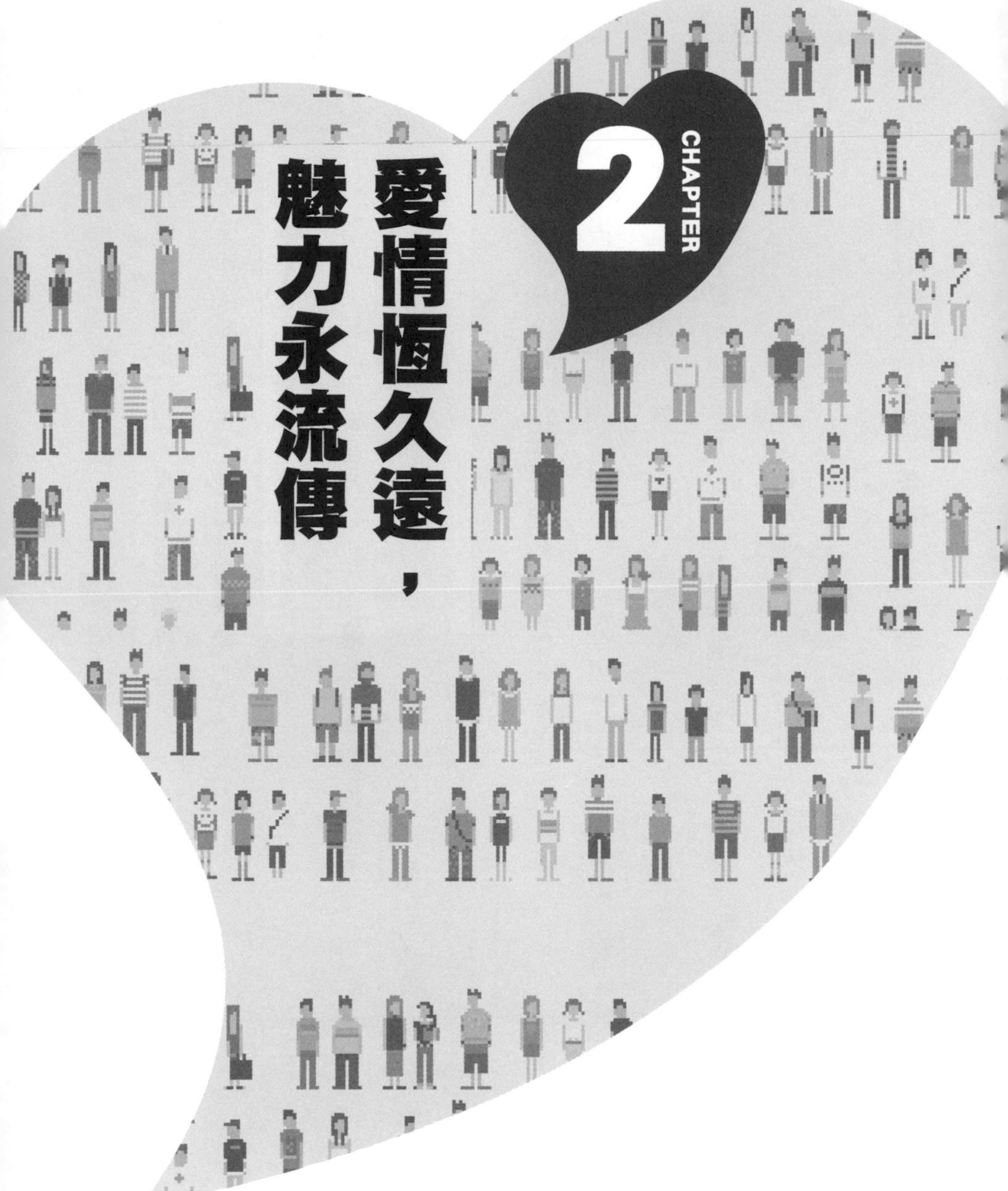

恨人間情是何物，直教生死相許。
天南地北雙飛客，老翅幾回寒暑。
歡樂趣，離別苦，是中更有癡兒女。
君應有語，渺萬里層雲，千山暮景，隻影向誰去。

金．元好問《摸魚兒—雁丘詞》

什麼是愛情？這似乎是沒有標準答案的問題。

很多時候，我們覺得電視電影演得太誇張，但更多時候，我們看到身邊發生的事，直覺得不可思議。

「小麗，妳怎麼那麼笨？對方是有婦之夫，他只是跟妳玩玩，妳別當真。」

「阿美，醒醒吧！他不是真心愛妳，他花名在外，見一個愛一個，妳不要上當了！」

類似這樣的事每天都在上演，明明一夫一妻的婚姻制度，可以讓你有個幸福美滿家庭，生兒育女，夫唱婦隨，人生不亦快哉。卻為何有那麼多人，要去找那些壞蛋男人、那些已經結婚還在外包二奶、那些不負責任的浪蕩子，以及那些都已把妳排到小三、小四、小五……的負心漢？

很多傻男生也沒好到哪去，天下有那麼多好女人，卻去愛那些不該愛的人，那些水性楊花的風塵女子、逐名牌而居的獵金族、心已經飛去偷情漢那邊的無情枕邊人，以及更多的露水姻緣，希望和你「船過水無痕，永遠別再見面」，但你卻已經「一縷情絲，深深依隨著她」。

愛情果然沒什麼道理。但可以肯定的是：

不是標準的好男人，就是有魅力的男人；

不是錢多多的男人，就是能得到愛情的男人；

不是俊帥的型男，就是能永得女人歡心的男人。

P.S. 相似的定義，套在女性身上也一樣。

唐伯虎點秋香，靠著風趣與才華，就算沒錢、身分低下，也吸引到大美女怦然心動；許多老少配，那些名導演、作家，都已年過六十，卻有二十多歲青春美女願意終身相許。

做個真正受歡迎的人，你也可以如此。

當你走到哪都受歡迎，很有異性緣，那麼不論在職場上，在生活互動上，都會有美好的異性相伴，人生不是更加美好嗎？

不問世間情為何物，但問自己，如何更有魅力。

Lesson 1 人際潤滑良藥：四句話讓你通行無阻

這是一個真實故事，有一位休然博士受邀到收容重犯的精神病院做治療。

這是個醫師們視為畏途的所在，裡面關著的都是曾經犯過罪，被判定精神有問題，本身除了是病患也是重罪犯，窮凶惡極，或異常變態的怪人。就算病人們已經帶著腳鐐手銬，仍不時發生工作人員被攻擊受傷的事件。當這位外表斯文的休然醫師準備去那服務時，業界同行都祝福他可以安然無恙。

但結果，休然博士去那裡，不到半年，不但他本身沒受過任何傷害，還改變了整個病院狀況，原本人滿為患的病院，在他進駐後，隨著病人狀況逐一改善，病人一個個被釋放，整個醫院氣氛也大為改觀。不再是個恐怖病院。

之後專家們請教休然博士，他到底使用什麼治療祕方，才能達到這麼傑出的成就？

休然博士說：「我所使用的醫療方法，就跟你們會用的一樣。只不過，除了一般醫療作為外，我總是伴隨著四句話，相信這四句話也幫了我許多。」

是哪四句話，這麼有影響力呢？

說起來也沒什麼，這四句話就是：

對不起

請原諒我

謝謝你

我愛你

實地驗證，這四句話卻真的威力無比強大。試想，一般家庭吵架的根源是什麼？其實根據研究顯示，百分之八十以上的夫妻離婚，都只源於生活中原本看似微不足道的小事，例如牙膏的使用方式、衣服收藏的方式、家具擺放的看法、晚餐的鹹或淡等等。

如同大家耳熟能詳的水庫故事，當水庫有了破洞裂縫，最開始只需用一根指頭就可塞住破洞，等救援人員到場就可挽救危機；但若一開始放任不管，等裂縫破洞越來越大，那時搬來再多沙土阻擋都沒用，整個水庫潰堤，禍害幾千里。

婚姻失和一開始，也是充滿這類的小破洞。然而，就因為彼此太熟了，對這些小破洞不以為意，終至整個婚姻潰堤，造成台灣超高的離婚率。截至二〇一四年，台灣離婚率已是世界第三高，平均每十分鐘就有一對夫妻離婚。

而這只是指婚姻的狀況。日常生活中，男人與女人間，因為相處不愉快，帶來的各種負面事件，包括分手後不甘心，發生殺人或傷害事件，或者雙方吵架，一方點燃瓦斯，演變成公共安全危機事件，類似的事件，新聞時有所聞。

到底戀人之間怎麼了？其實，只要在雙方一開始有衝突時，就善用這四句話，後面所有悲劇都不會發生。

真的，我們可以試試看。

當兩人開始吵架後，一方靜下來，真心的說：「Honey，對不起，我錯了，謝謝你，我愛你。」

相信原本劍拔弩張的對方，本來想發作的怒氣，也就發作不出來，逐步消散。

這四句話如此有效，可以適用各種人與人間相處的場域。

不誇張的說，在職場上也可適用，當老闆正準備大發雷霆時，你要真心的站在老闆面前，說聲：「對不起，我錯了，謝謝你，我愛你。」老闆初始或許會愣在那，但就在這一剎那，他原本一千度的火燄，已經消滅到只剩兩三百度了。

但請記得，說這四句話時，要面帶真誠，而不是像唸稿一樣的覆誦這四句話，那反而像是在搞笑，把場面弄得更不莊重。

當人與人間發生衝突，一方願意退後一步，並且誠心的說出這四句話，表面上看，你好像輸了。一方面你退讓了，就等於輸了，二方面你還低聲下氣，那豈不是被看扁了？

但實際的效果，卻剛好相反。當你誠心認輸，對方無論再囂張，也突然變成單方面的暴力獸，再兇下去就沒形象了；再者，人之常情是，以德報德、以怨報怨，本來是硬碰硬的場合，突然來個硬對軟，對方攻勢絕對大挫，要吵也吵不起來。

透過這四句話，讓你總能與人和平相處。

一個人際關係不好的人，絕對是常常和人處不好的人；相對的，一個總是帶來「和平」的使者，必定是受歡迎的。

對於東方人來說，四句話中最難開口的，肯定是第四句：「我愛你」。

在西方文化，包括基督教世界或者大眾場合，說我愛你是很平常的事，在東方則或許得看情況。但相信我，只要運用得當，不論是對於陌生人，對於親人，特別是對於親密朋友，當「我愛你」這三個字說出口，對方的心都融化了。

如果你擔心這樣說太肉麻，那麼讓我們先從最具影響力的三句話開始，請常說：

對不起

請原諒我

謝謝你

在適當的場合，再補上「我愛你」，一時間必能春風化雨，化暴戾為祥和，你就是最受歡迎的人間天使。

Lesson 2 今天說話幾分甜？

我的長輩們，有時候逛菜市場，和賣涼品粉圓等的老朋友聊天，會開玩笑說：「這碗愛玉怎麼那麼甜？真是甜死人不償命耶！」

你會發現，任何的口味，弄到過頭都會讓人不高興，例如太鹹、太酸、太苦了……唯有說太甜了，明明是負面的用語，但聽起來就比較不會有不舒服的感覺。

講話也是一樣，你可以嘗試各種突破，但不論你講得太直白、太義正辭嚴、太諷刺……等，都有得罪人的風險，只有甜言蜜語，沒有「太多」，風險最低。

特別是情人間的對話，明明旁人聽來很肉麻的話，但當事人聽到「很甜」的話，還是心裡受用。就算不是那麼熟的人，只要講甜言蜜語時不要伴隨猥褻表情，通常對談話總是加分的。當一個風度得宜的男子，對著一個女子講話，不時適度的加糖，對方聽了肯定會很歡喜，想追女孩子的，又得一分；就算只是普通朋友交際，也會讓你的「受歡迎度」持續處在高檔。

雖然在傳統認知裡，女孩子總是愛聽甜言蜜語，但可別以為，只有女孩子才會被甜言蜜語打動，其實大部分男生也嗜甜。

當然，和男生講話，不是以「你好漂亮」、「你皮膚真好」這類稱讚為主（但即便是如此，大部分男生也喜歡被人說是漂亮、皮膚好，特別是年輕人），和男生講話的「加糖法」，主要用在他的品味、他的成就，以及女孩子最愛用的一招——「用甜蜜攻勢反推到他的作為上」。

稱讚品味自不用說，像是「你的領帶跟你衣服好搭，看起來很順眼耶！」、「你都聽這種音樂喔！怪不得那麼有氣質。」「你好有眼光喔！真的是男人中的男人。」這些話只要一說出來，不管你是不是真懂（其實你對音樂根本沒研究），都一定可以為說話者的魅力加分，特別是女性用這招更加管用。當一個女子稱讚男生的品味，百分百會獲得對方好感。但男生對男生就要看情況了，如果講得太過火，反而會讓對方渾身起雞皮疙瘩，感到「不舒服」。

但異性間，特別是女生對男生，只要每天講話，身上多帶一些糖，每次見面都「甜」對方一下，那麼，會成為大眾情人也就不意外了。

有句話說：「男追女隔座山，女追男隔層紗。」既然女性擁有這種天生優勢，若不善用就太可惜了。

然而，實際生活中我常見到的，還真的大部分女生講話都不太愛「加糖」。特別是已結婚的女性對老公講話，會從以前卿卿我我時代的「嬌羞淑女」式談話，變成「妻管嚴」式的黃臉婆式談話，每天出口都是「柴米油鹽醬醋茶」。可惜所謂「開門七件事」，偏偏就不含「甜」這一味。

當夫妻間，一天一天的「灌油」、「灌鹽」、「灌醋」，難保長期缺糖的另一半，就很想外出打野食了。

這裡我不是幫那些愛摘野花的男人找藉口，更不是認同那些不愛自己家庭，老愛往花街柳巷跑的男人。但平心而論，為何「野花總比家花好」呢？

所謂「妻不如妾，妾不如偷，偷不如偷不著」，這中間的主要關鍵，絕不是外表美醜，而是「糖分多寡」。

當人們去酒家，或者燈紅酒綠場合，那些女子，不必一定要會一堆技能，像古時候那樣琴棋書畫兼具，但肯定要會的一樣能力，就是「灌迷湯」，明確的說，就是會講甜言蜜語。試想，當一個男人，在公司已經受夠老闆的氣，回家又得接受黃臉婆式的談話洗禮，唯有到這種場合，才能聽到那些甜言嗲語，儘管句句虛假，擺明不是真心，但嚴重缺糖的男人啊，就是可以在這裡找到滿足。

妻不如妾，因為妾比妻講話還甜啊！我常見的一些例子，那些拋棄正宮，在外和小三同居的，他們所謂的小三，不論外貌氣質或穿著品味，並沒有比正宮好，唯一差別就在那張甜甜的嘴。

至於妾不如偷，偷不如偷不著，是因為很多時候，因為有距離感，人與人間的對話越有禮貌，反倒糖分最多。當我們在路上遇到朋友的小孩，肯定會說：「好漂亮的小女孩啊！今年幾歲？好可愛喔！」反倒是回到了家，卻只會跟自己孩子說：「功課寫了沒？沒寫完看什麼電視啊！你欠打是不是？」同樣的道理，越是陌生人之間，講話可能越加客套，對於生活中總是缺糖的人來說，有時候不小心就被其他甜分所吸引。

女性和男性講話，除了稱讚品味外，另一個可以稱讚的切入點是他的成就。男性與男性間稱讚成就要小心翼翼，因為很容易被視為別有目的，例如正在覬覦他的成就；但若由女性來稱讚，搭配適當的撒嬌，就完全沒有這樣的疑慮。因為在傳統的觀念裡，還是認為女性比較沒有事業心，換句話說，就是比較不是競爭者。此時女性興奮的稱讚男性的成就（加上一些女性化的動作，如拍拍手等），只要簡單的幾句話：「你的簡報風度翩翩、令人心動，散發男人魅力」、「你的事業好多元，好佩服你喔！」就足以收服男人心。

許多強人的內心都是寂寞的，也因此再怎麼謹言慎行的人，也難防這種「美人計」。包括曾經震驚國際高層的幾件間諜案，例如在美國、歐洲，都有女間諜打入那些高智商高能力的高級官員、高級將領圈，取得寶貴的情報資訊。世人都驚嘆於為何當事人竟然那麼不小心，輕易的中了美人計！但實際上，世上又有多少人擋得了「甜蜜攻勢」呢？

當然，若身為一個女性，也不要擔心自己口才不好，或是太害羞，無法如行雲流水般說出那些讚美男生的話。這裡還有最後一個甜蜜招式，特別適合女性運用，就是「甜蜜反推法」。

很簡單，妳不用主動說什麼，但不論異性跟你說什麼，你都反推成甜甜的回應給他。

「小雲，辛苦妳了，這件工作麻煩妳。」→「老闆，你是我最佩服的人，為你做事我心甘情願。」

「小美，妳今天穿得很美。」→「能讓你這麼有品味的男人稱讚，我好高興。」

聽了實在肉麻，但……你就是抗拒不了的喜歡上說這話的女性。

Lesson 3
出人意表，讓人「揪感心」！

我們是禮儀之邦，所謂「禮多人不怪」，任何的時刻，連孩童也知道一些基本的禮節。但在社會祥和的背後，也不免會有某些負面效應。

第一個負面效應是「平淡效應」。就好比天天都吃山珍海味的人，再也分不出美食的差別。當禮貌已經成為基本配備，如何身升級為另一種層次，達到讚美效果，就需要更高難度的功力。

第二個負面效應是「親疏效應」。孔子雖主張仁民愛物，但他也主張「親疏有別」。可惜放在我們現代社會裡，卻經常變成一種負面現象，也就是對外人比對熟人還禮貌親切。這種「胳臂往外彎」的現象，嚴重時，甚至會帶來家庭失和。因為當我們一整天都在對外面的人鞠躬哈腰，很容易一回到家就蹺起二郎腿，對家人擺臉色。久而久之，帶來種種摩擦，許多離婚因子就是這樣種下的。

不論是平淡效應，或是親疏效應，都不是轎教我們放棄原本正確的習慣，但也不是要我們「好還要更好」，每天回家就對老婆問安、正經八百的讚美，這樣反倒很奇怪，讓熟人變得生疏。

但該如何才能一方面做到在朋友間受歡迎，在陌生人間也有一定魅力，特別是對於做業務這行業的人，該如何拿捏親疏間的談話術，這是很重要的。

我個人認為，有一個應對方式，對於朋友親人間特別適用，就是「出其不意法」。

出其不意包括行為上的，例如突然間來個生日驚喜、結婚週年慶驚喜，這讓對方很受用。但總不能天天過年，天天過生日吧！這種事要偶一為之，才能產生驚喜的效果。那麼在平常對話時可以怎樣「出其不意」呢？

這招我很常用，就是透過適度的懸疑效果，加上故意帶來的反差。

例如：

「老婆，妳穿這樣子好漂亮！這件衣服真美！只不過……」

老婆此時一定心整個被揪一下，準備聽負面的話，但接著我卻說：

「只不過，妳這麼美，讓我覺得我好像作夢一樣，怎麼這麼幸運娶到妳？」

接著她當然只會邊笑邊打你一下，喜滋滋的走開。

再例如，女朋友突然送給你一個她親手織的圍巾。

你邊看著她，邊表情凝重的拿起手機，你女朋友此時感到有點不知所措。

你撥手機打到家裡，說：「媽，今晚我不回家吃飯了，我剛拿到一個無價之寶，高興到說不出話來，今晚一定要跟我最愛的人一起吃飯。」

當一個人的心從谷底突然飛到天上，你就可以輕輕托住，坐擁她的芳心。

雖然肉麻，但真的實用。

其實電視劇編劇也喜歡用這種人心對比法：

一個原本被以為是惡老闆的人，滿臉嚴肅的跑到部屬面前，當大家以為接著要發生吵架悲劇，連劇中男主角手上也因緊張而緊握雙拳時，卻見惡老闆恭敬的站好，鞠躬道歉：「對不起，是我錯怪你了，你是對的。」此時觀眾立刻熱淚盈眶了。

或者姊妹淘吵架、婆媳糾紛、辦公室裡兩方人馬對抗，突然間，其中一方講出讓觀眾意料不到的台詞，那種內心的落差感，肯定讓觀眾的內心瞬時潰堤。

許多八點檔連續劇、溫馨日劇，細看整個劇情其實情節並沒有多特別，但卻會讓人愛看，往往就是在最後的轉折，總是在近片尾的地方，讓人「揪感心」，然後願意再看續集。

一個講話時時讓人揪感心的人，就會是講話受歡迎的人。

但請注意，「出人意表」的表現方式，只適用在有一定熟識度的朋友身上。如果你對誰都來這招，那不只不能帶來受歡迎的效果，甚至會讓人覺得你這個人「怪怪的」，對你敬而遠之。

最常見的例子是，一個漂亮的女孩，收到一束很大的九十九朵玫瑰，但她卻一點也不開心。因為送她花的人，她根本不熟，只有數面之緣，這束花只會帶給她困擾，一點也不驚喜。

或者在某些直銷公司場合，為了討好你，知道你生日到了，硬是幫你安排一場慶生會，一大群人圍著你為你慶生，你不但不感到高興，只覺得尷尬。

或許有朋友會問，但很多讓我們感動的場合，不就是因為「陌生人間彼此幫助」嗎？

電視上常報導，台灣很有人情味，有人車禍倒在地上，一群路人好心的幫忙，有人幫忙維護交通，有人幫忙撐傘，你看了好感動。那些來自陌生人之間的「揪感心」故事，因為不多見，因此可以成為新聞裡感動人心的題材。

但在現實生活中，你和親人朋友之間的美好關係，還是要靠自己善用出其不意的效果，帶給對方驚喜，才能經營出更多的個人魅力。

Lesson 4

愛我，但請先走到這裡就好

異性相吸是大自然創造的生命法則，其最終目的是為了讓生命繁衍。只是人類的文明讓我們超越了「單純的天性」，讓我們超脫了野獸的世界，不像獸類般只為傳宗接代而配對。我們創造了婚姻制度，創造了「愛」與「責任」，創造了浪漫的「戀愛」。但自古以來，和愛相關的麻煩狀況，也從不停歇。

一個男人，可以成為一個超級受歡迎的男人，吸引一堆女子的愛慕，但在法律上，他若要結婚只能娶一個妻子，若娶妻後還和其他女人發生關係，就觸犯妨礙家庭罪。一個風情萬種的女子，她可以和許多男人談戀愛，只要不結婚，就沒有法律約束。然而，沒法律管，仍有道德枷鎖，就算連道德都可超脫，還是得碰上人性的困境——許多現代社會悲劇就是這樣發生。

幾乎翻開報紙，每天都有情殺糾紛之類的新聞。

一個竹科工程師，花了大把金錢，送禮送金討好一個美女，兩人也許下愛的承諾，但最後女方卻嫁給別人，工程師怒告這美女詐欺；一對男女曾經是愛侶，但女方覺得她不愛這男的，提出分手，男方覺得自己被欺騙感情，苦苦糾纏女方，最後竟演變成殺人案，甚至連無辜的親友都遭受殺害。

這類事情太多了，讓我們不禁要問，如何分清楚「好感」和「愛」的差別？

我們可以對很多人有好感，例如一個男生，他可以喜歡明星林志玲、楊丞琳、琳賽羅涵……，他女友也不會反對；但他若也喜歡同事A小姐、同學B小姐、鄰居C小姐，那女友就不可能接受了。

一個人如何要讓自己受歡迎，又要不影響「對正宮的愛」呢？特別是對於一些必須常在公開場合出現的名人，如明星、講師等，他們一方面可能擁有一批「瘋狂愛他」的粉絲，一方面也不會讓自己家人關係受到干擾，關鍵就在於守住「分寸」。

什麼叫分寸，講清楚點，就是「扮演好自己的角色」。

許多問題的發生，就在於扮演一個角色的人沒扮演好自己的角色，或是和角色互動的人，逾越了和角色間的分際。

講個常在男性世界發生的例子，許多在商場上有成就的大老闆，卻往往敗在燈紅酒綠的場合，有人愛上煙花女，最後家庭破碎了，他和煙花女也沒好結果；甚或招惹到黑道大哥，身敗名裂。

這商場老闆，沒有搞清酒家女郎的角色，就是在酒店服務客人，錯把這種關係當成愛。

另一種也不少見的現象，有當紅歌手不斷受到超級粉絲的「過度關心」，最後也不得不報警。那些粉絲們，把歌星與粉絲的角色關係，過度發展到兩性相愛的關係，把「崇慕偶像」變成「癡戀對方」。

這種逾越角色分寸的事，不只發生在大人物或特殊行業身上，事實上，人人都可能發生：涉世未深的高中女孩，把博學多聞的男老師，當成愛慕的對象，而男老師也無法拒絕少女青春的肉體，發展成師生不倫戀；企業家老闆把女員工對自己的恭順體貼，聯想成她們對自己的愛情，運用權威染指女同事，而許多被染指的對象，也為了保住工作，不敢張揚，演變成一種職場黑幕。

許多人會說，愛不分國界、不分年齡、不分種族、不分職業、更不分階級，誰愛誰都沒對錯啊！

是的，如果是「真愛」自然沒什麼道理，邱比特愛怎麼射箭，人們無力干涉。但遺憾的是，這類真愛只有存在於電影、小說裡比較多，現實生活裡，逾越分寸的愛，總是帶來遺憾的多。

如何在錯誤將要發生的初始，就避免朝悲劇方向演進呢？

那就是當在「曖昧期」時，就予以「再次角色定位」。

很少癡愛是一開始就熊熊烈火的，一定是由小小的曖昧作發端。一個受歡迎的人，往往太沉醉於曖昧帶來的「幸福感」，而過度縱容。常見到校園中的校花、班花，她們可能年紀輕，還不懂得理智的拒絕，任由自己被異性包圍，享受被崇拜的快樂。

但我要嚴肅的提醒這些被愛慕的對象，不論是男是女，總有一個大原則，就是守住分寸。你喜歡我，公開讚美我，我可以說謝謝，我真的很高興，這樣做沒有錯；但對方若喜歡你，並且開始送你禮物，請注意，這是個重要的分界，請一定要拒收！當然如果只是一般的家鄉名產，或者是小小蛋糕，一味拒絕是不近人情，但對方若一而再、再而三地送禮，那就要謹慎了。

對於友達以上、戀情未滿的局中人來說，這件事分寸更要做好。拒絕不代表就是不愛對方，只是代表「我們的關係還不到這地步」。相信一個理智的異性伴侶，也可以理解你的意思，彼此也都還能做朋友。但如果單單這樣，對方就不高興，那這樣的人也絕對不會是好的交往對象。

我最常見到的一種悲劇，特別是常發生在女性身上，就是因為「收禮」而惹禍，往往最後演變成男方對女方糾纏不清，讓女子生活工作都受影響。當女子哭哭啼啼找我提供建議，我會問她，當初為何要接受男方的禮物，「是因為妳愛慕虛榮，貪圖小便宜嗎？」女方往往會義正辭嚴的反駁，覺得她們只是「禮貌性接受對方好意，不想因拒絕而傷對方的心」。

好啦！一開始是不想傷對方的心，到後來卻傷了雙方的心，甚至還有性命的危險，這就是人際關係間「未能防患於未然」所帶來的禍害。

想像大自然的韻律吧！下雨吹風花開花落，美景處處，但剛好就好，不要越界。河水越界，就從美景變災難；人與人間的感情，到了「彼此欣賞，彼此認可對方」，這樣就最好，請不要越界。越界，就是災難。

Lesson 5
如何讓我尋到真愛？

為何我都找不到真愛？一些自認條件好的男士不斷這樣哀嘆；許多女性眼看著自己年紀漸長，卻還是找不到「對的人」，也不禁感傷。

愛情，是個表面浪漫但實則嚴肅的問題。有時候，你是一個在社交場合很受歡迎的人，但卻是個在愛情世界裡孤單的人。不禁要問，難道讓一個人備受歡迎的條件，和一個人找到真愛的條件是不一樣的嗎？

的確，如何讓自己受歡迎是個學問；如何讓自己受「不同的人」歡迎，是個大學問；但如何讓自己在「不同的人」中得到「不同」的歡迎，那可就是學問中的學問。

我們都曾經聽過，「一個人不可能討好所有的人」，如果在一個村子裡，某個人既受好人歡迎，也被壞人喜歡，不代表這個人就是值得敬佩。相反的，可能代表著這個人是「牆頭草」，做人沒有自己的立場原則，到處討好他人。

在愛情的場域裡，如何受「不同的人」歡迎，更是非常重要。

一個「開心果式」的受歡迎者，可以在群眾裡吃得開，但這樣「把歡笑帶給別人，悲傷留給自己」，聽起來比較像是小丑的形容詞。是的，如果一個人的受歡迎只是在公開場合讓大家歡笑，那就只是小丑等級；這樣的人受大眾歡迎，但若要一對一時，卻不一定受歡迎。

一個「馬蓋先式」的受歡迎者，也絕對受到歡迎，特別是在職場上非常吃得開，因為他「什麼都會」，影印機壞了找他，電腦不能上網了找他，連廁所燈不亮了都找他。這樣的人處處受歡迎，但若一對一時，例如他邀一個女孩去約會，還是可能把對方嚇跑。

一個「憂鬱文青式」的受歡迎者，也經常受到歡迎。不論在任何族群，一個看似「眾人皆醉我獨醒」的人，只要外表還不太差的，一定也會受到眾人青睞，因為人們喜歡新奇、特立獨行的人物。這樣的人是很棒的團體壁花、壁草，但這根草若想要去更進一步的贏得異性芳心，卻真的會碰壁。

為何你和某人永遠只處在「友達以上，戀人未滿」的階段？原因在於，對方可能喜歡你，但不是「愛」你。

任何人都可以喜歡你，相信把本書講述的原則都應用上，你很容易讓很多人喜歡你。我見過太多的朋友，有的朋友是在商場上令人欽佩的企業家，廣受業界朋友歡迎，但他兩次婚姻都失敗收場；有的朋友在任何場合都是開心果，交際應酬時身邊充滿女伴笑聲，但每當他想和某個女孩更進一步，得到的答案都是「謝謝再聯絡」。

這到底是怎麼了？難道一個受人喜歡的人，無法成為一個找到真愛的人嗎？

要回答這個問題，請先問問自己。就以電影來比喻好了，假定我們假日要去看電影，我們會選怎樣的電影？一定會選我們「喜歡」的電影。我們已經預設好各種喜歡的條件，好比說冒險片、女主角要美豔點的、故事帶點懸疑性等等，這樣也許我們有很多部電影可以挑選；但假定今天上帝突然現身，要給你個考驗，祂只准許你「看一部電影」。這時你要的就不只是挑喜歡的了，因為只能選一個，你會用心搜查影評，了解什麼樣的電影看了最有「價值」。

如果連看電影這樣的小事，當有嚴格限制時，我們都會小心翼翼了，更何況挑選終身伴侶？那肯定不是「喜歡」兩個字就足夠了。

在愛情的路上，做到自己受大眾歡迎，只能算是基本功，表示你有更多機會接觸「更多的對象」。但如何從這眾多對象中，找到你的最愛，又讓對方也愛你呢？

許多朋友問我，到底如何既讓自己受歡迎，又可以找到好對象呢？

我的回答是：

找不到對的人，往往是改不掉「錯誤的自己」；
你要的幸福就在「你不要的改變裡」。

我們可以一方面作自己，一方面讓自己成為受歡迎的人。這不難，例如許多成功的講師，他們以自信的光采，宣揚一個善的理念，成為備受歡迎的好講師，這很好。但這是公領域上的大眾形象，是一種「一對多」的整體正面印象。但所謂愛情，並不是「一對多」的學問，而是要從這一對多中，進一步和特定的人「一對一」，那就絕對牽涉到私領域的事。

但越是在公眾場合受到歡迎的人，反而越容易跌入角色的迷思，也就是緊緊握著「你不要的改變裡」。

什麼叫作「不要的改變」？

好比說，一個在商場很成功的男人、一個業務銷售高手，他講話總是風趣誇大，為了行銷產品舌粲蓮花。這樣的人已經成功了，他不會想要改變他的風格。但偏偏在愛情的路上，他必須改變風格。不是說要他改變自己，但當面對的是伴侶時，他就有必要轉換成其他形式。

因為，婚姻和愛情不是看舞台表演秀，一方表演給一方看；相反的，婚姻和愛情是二人合演一齣幸福戲，雙方各負責一半。

許多失敗的愛情都緣由於一方太想演，另一方沒有發揮空間，為何要和你在一起？特別是太愛演的一方太入戲了（例如大眾情人），那更難找到心心相印的另一半。一個受歡迎的人，在團體裡像個好演員，人人愛看他的表演，但對不起，兩人相愛不是看表演。你必須和我有默契，「兩人一起演」，這就是從「大眾關係」到「兩人關係」的最大差別。

唯有當人們可以讓自己從「受眾人歡迎中」，另外昇華出「受他（她）歡迎」的體會，愛情的火花才會產生。

Lesson 6 你拉警報了嗎？

日常生活中最常聽到的笑話，就是男女性別相關的笑話了。自古以來，窈窕淑女，君子好逑，翩翩男子也終日企盼被那個「她」所注目。然而也因為這件事充滿糾結困頓，許多人深受其苦。所以當聽到愛情的笑話，許多人也只能邊笑、邊轉心中千百回了。

不可否認，這社會對男女的標準還是差很多的，關於愛情，對女性來說，經常感受更加苦澀。

有一個笑話是：

三個女人分別是十八歲、二十八歲、三十八歲，她們在討論一個很想結婚的男人。十八歲的女人會問：「這個男的長怎樣？」二十八歲的女人會問：「這個男的成就怎樣？一個月賺多少錢？」三十八歲的女人則直接問：「這個男的在哪裡？」

聽起來有點悲哀，好像一個女性超過某個年紀就不受歡迎了。實際上雖不是這樣，這社會多的是單身的中年成功女性，但也不可否認，這笑話反映出某些現況。

但同樣情況，發生在男性身上會怎樣呢？

三個男人分別是十八歲、二十八歲、三十八歲，他們在討論一個很想結婚的女人。十八歲的男人會問：「這女生漂亮嗎？」二十八歲的男人會問：「這女生漂亮嗎？」三十八歲的男人也還是問：「這女生漂亮嗎？」

所以聽起來，男性對兩性關係似乎比較膚淺，個個是外貌協會成員；女人則似乎一開始比較重視實際，後來隨著年紀漸長而開始拉警報。

當然以上是個笑話，這世上多的是重視內涵的人，但在人與人接觸的初始，第一印象還是很重要。一個女性若要受歡迎，那麼不論自己內在多好，親切體貼又善於言語，最重要的，還是要先把自己打扮得端莊得體。

相對來說，一個男性如何經營自己的成就很重要，然而，當大家彼此都不認識時，怎麼會知道你有沒有成就呢？所以說到底，男性也是要做好形象包裝，讓自己穿著得體，散發成功人士的魅力。

常見一個條件不錯的女子，卻因為所謂的「年齡警報」，而不斷放下身段，最後得到反效果，變成「剩女」，或者雖得到婚姻，但是卻過得不快樂。那是因為她們被傳統思維束縛住了。在現實生活中，所謂警報，不論是颱風警報、空襲警報，都代表著有災難要發生。但女生年齡拉警報，完全是個「假議題」。或許在古早時代，這樣的議題有必要性，因為在當時女性也沒就業市場，所以女性不婚的確會變成災難，她可能難以在社會生存。但到了現在，所謂拉警報已經成了「純粹心理問題」。

曾經有個要好的女性朋友拋開白天作為女企業家的神采奕奕，帶著一臉愁容問我：

「老師，怎麼辦？我已到拉警報的年紀了，該怎麼辦？」

這時候，我常會帶點嚴肅的說：「不怎麼辦，妳還是要作自己。」

讀者們記得我曾說過，當人與人間交流，讓自己受歡迎的一個底限，就是「不要失去自己」。因為當你失去自己，你都不足以代表你了，也就沒有什麼受不受歡迎了。

同樣的，要追求愛情，如果你已經不是你，只為了年齡危機而草草結婚，那樣人生也失去意義。

雖然因為傳統社會觀念，女性晚婚會感受到很大壓力，但我認識的朋友中，有更多的是男性朋友，他們同樣表示有「拉警報」的壓力。我給他們的建議同樣是這樣，絕不要因為心急，而失去自己，那樣更難找到對的對象。

其實，不論男女，愛情都一定是從陌生到相識，最後才相愛。即便你本身是個受歡迎的人，但在一對一的相識到相愛過程中，你要做的不是那些社交伎倆，而是純粹兩人間的交心。在這樣的時刻裡，你不要再去想要受到誰誰的歡迎，你只需關心眼前的人就好。

對於男性來說，全天下女性都不例外，一定會重視的一件事，就是這男的是否「疼她、寵她、懂她」。其實反過來說，相愛中的男人，又何嘗不希望女方也來「懂他，寵他」呢！

以男性來說，「疼她、寵她」比較容易，加點甜言蜜語送送小禮物，就可讓她芳心大悅；但要「懂她」，才是雙方發展成正式關係的關鍵。一個太大男人主義、或不夠細心的男人，很可能卡在這關不能突破，而斷送好姻緣。

反過來說，女性如果只是疼男方，但不能用心去「懂他」，那還是很難建立起幸福的兩性關係。

在愛情的路上有些共通的原則，包括本書所有受歡迎的原則，都可適用。只不過，在兩人世界裡，要客套少一些，真情多很多。

但愛情路上，男女的特質還是不同。

女性要了解男人的特性，一個男人可能見一個愛一個，但終究他還是要找一個最終靠岸的港灣。如果妳愛一個人，如何讓自己成為那個港灣呢？

其實男女都一樣，內心深處都在尋找一種「安全感」，只不過女性表現得很明顯。所以一個男性若能帶給女性安全感，基本上就可以抓住這女性。女人看人比較會先了解內在，感覺跟這男人在一起舒不舒服，是不是順眼，若是順眼又可帶來安全感，就願意跟他走一輩子；相較來說，男人看女人一開始會著重外貌較多，和他在一起的女子可能初始走得比較辛苦。但看多了美女，當碰到結婚這件人生大事時，男人馬上變得很實際。常見很多花心大少，交過很多女朋友，但最後選擇「定下來」的對象，仍會是有才又有德、相處在一起很舒服的另一半。

最後我還是要說，愛情「拉警報」不是問題，只要做好自己，相信緣分還是會到；但當然，所謂做好自己，就是要表現出最好的自己。還是那句老話：「沒有醜女人，只有懶女人。」其實男女也都一樣，先打點好自己，讓自己有自信，你的人生另一半，也許很快就會出現。

Lesson 7
婚前、婚後，始終如一

兩性關係是很重要的議題。婚前甜甜蜜蜜、兩情相悅，固然是人間美事，但我們也不得不正視台灣及全世界離婚率超高的事實。所謂「幸福的家庭到處都一樣，但不幸的家庭卻各有各自的不幸」，婚姻不美滿，原因可能百百種。

明明當初曾經相愛，否則也不會答應步上紅毯。為什麼，原本在世上最親密的兩個人，到後來卻變成「最遙遠的戀人」？

我認為原因往往出在，婚前男女雙方都知道要用心經營，但到了婚後，以為自己已經「任務達成」，反倒沒那麼用心了。就好像每個學生在考試前會拚命衝刺，

然而一旦考試結束就鬆懈了，是一樣的道理。

根據我的探究，一個幸福的婚姻要如何維持？我有句箴言：

婚前要展現自己，婚後一定要捨己。

見證過無數家庭的悲歡離合，這句話真的是關鍵。我所看到不和的婚姻，經常就是相反的情況：「婚前雙方都很捨己，婚後才要展現自己。」那悲劇就很容易發生。

不是嗎？當男女雙方戀愛時，雙方都善於「隱藏自己」。很多人結婚前就是很「假掰」，女性假裝溫柔，男性偽裝體貼；但婚後卻一一「原形畢露」，許多爭吵就會跑出來了。「為什麼你結婚前對我那麼好，現在就不理我了？」、「為什麼追我時，我住那麼遠都願意跑來接我，婚後卻總是要我自己想辦法回家？」

為什麼？為什麼？為什麼？許多幸福家庭就這樣被一個個「為什麼」擊垮。

在前面我們談到許多人際關係的學問，要善待人，要善於讚美人。但我從沒有說，當我們表達這些善意時，要作假，要演戲。同樣的，當我們愛一個人時，要愛她、寵她、懂她，但這三個步驟絕不能只是「為達目的不擇手段」；如果只為了追求一個人，生活變成是演戲，那這樣的關係就太難維持了。

如果我們婚前本來就是「真誠」相待，那就不用擔心未來會發生「原形畢露」的問題。

婚前和婚後最大的改變，不應該是「追求任務」以及「任務達成」這樣的改變，而應該是「從一個人追求任務」變成「兩個人共同追求任務」的改變。

有一個笑話是：

結婚前，男人覺得做什麼事，花錢都是浪漫；到了婚後，他卻覺得，做什麼事花錢都是浪費。

還有一個笑話是：

女人花錢是因為她的男人讓她不開心；

男人花錢是因為他的女人讓他很開心。

凡此，其實都是自己的心態問題。

對於婚姻，有人問我：「老師，請問兩人在一起，到底是互補比較好，還是個性相同比較好？」

我的答案是，個性「互補」或「相同」不是重點，兩人在一起，**價值觀相同才是最重要的**。

所謂的互補，用另一種角度來講，可以說是兩人習慣不同。很多夫妻，就是因為習慣不同，所以最後離婚。當兩人相愛時，你的「有」正好補我的「不足」，我的「有」補你的「欠缺」。然而一旦吵架，卻也可能變成「為何你我那麼多地方不一樣？這樣難以相處……」

再以「相同」來說，那就更不用說了。電視劇裡我們也常聽到這樣的台詞：「我和你實在太像了，所以我們不適合。」

其實，**沒有什麼事情是適不適合，只問你們的心還在不在。**

若價值觀相同，兩人就比較容易走得長遠。因為目標一致，喜好一樣，那麼作法不同時，就是種「互補」；作法相似，就是種「相同」。

什麼是我所指的價值觀呢？包含所有活在這世界上的基本理念，舉凡金錢觀、交友觀、家庭觀、愛情觀、事業觀，以及整合的人生觀等。兩人相處，只要有任何價值觀存在嚴重差異的，那結果只有兩種，一種就是一輩子吵架，一種就是有一方要忍讓犧牲。但無論何者，都不算是理想的婚姻型態。

例如說一個以事業心為重的男人，跟一個希望有人陪她遊山玩水的女子結婚，彼此會快樂嗎？很難。

我在和女友交往、最後論及婚嫁前，曾嚴肅的和她討論過我的價值觀。別看雙方都很熟了，但其實很多男女交往，談天說地、互相讚美、溫柔相待，但就是沒有真正坐下來談這樣的話題。

像我當時就與我未來的另一半說，以我的價值觀，若要為人生排序，我是「父母第一、自己第二、家庭第三、事業第四、休閒娛樂第五」。對方的價值觀不用和我一樣，但我的價值觀和她不衝突，彼此都可以接受，那就是相互Match。

當然事事無絕對，沒有所謂百分百的「天作之合」。例如，對於我看待父母的態度，她會與我溝通，我孝順父母很好，她很尊重，但我不能要求她百分百做到和我一樣，這點我也認可；例如在她的價值觀裡，朋友的順序排在很前面，她的生活裡會有很大一部分要和朋友聚會，有時不回家吃飯，而是和朋友聚會，這我可以接受，偶爾犧牲點家庭，畢竟我也不是大男人主義者，一定要老婆天天守在家裡。

凡此種種，在婚前都溝通好，雙方合得來，就可籌組幸福家庭。如果有些重要關鍵，例如一個是基督教，一個是佛教，但又希望對方和自己一樣，那就比較難突破。

有句好話說：「退一步海闊天空。」在婚姻的世界裡，兩人在一起要嚴肅以對。一旦許下終身承諾成為夫妻，那麼，就要彼此互相接受；偶爾碰到不一致，只要雙方願意各退一步，就能過著美滿幸福的生活。

Lesson 8 愛人要用心，不是用力！

愛情的道理千百種。其實不僅是愛情，人與人間的關係也是一樣，只不過愛情比起一般泛泛人際關係，必須要更深入、更聚焦。

這裡談幾個重要的相愛法則：

● **所謂愛，不是只用自己的喜歡的方式愛她（他），而是用對方喜歡的方式愛她（他）。**

不論是對伴侶或夥伴、兒女，愛一個人要用心，不要用力。因為用力只是用自己想要的方式愛他，而用心，則是用對方喜歡的方式去愛他……

就拿簡單的送禮這件事來說，一般人錯誤的送禮思維：「我喜歡這樣的東西，所以就送對方這樣東西。」這種「好東西要與好朋友分享」的基本心態當然是高貴的，但用在送禮上，經常是錯誤的。當然對方收禮當下一定還是一副驚喜高興的樣子，可是回家後可能只丟在一旁，那就失去當初送禮的美意。

送禮前要做好功課，送的要是對方喜歡的，最好還是剛好對方此刻正需要的。若你能打聽好情報，在對的時間送出對的東西，保證對方對你印象深刻。

送禮還只是小事，男女間交往有太多事，一方（通常是男方）自以為他的方式是愛，但其實，另一方並不喜歡那種方式。例如外出約會時，男方喜歡女方牽著他的手，表現出小鳥依人的樣子，但女方卻個性比較保守，不喜歡在公開場合那樣放閃。如果男方強制拉著女方的小手逛街，初始熱戀時還可以維持，但久了終究還是會帶來不愉快。

在這種情況下，男方應該順著女方，但如果男方也不想事事都順著女方，那該怎麼辦呢？的確，在男女平等的社會，不像從前「夫唱婦隨」，一切以男方為主，但若一味要男方順著女方也不公平，這時雙方就要做好溝通。以上述牽手的事為例，雙方就可溝通好，某些情況可牽手、某些情況不要牽手等等。

● 男女交往，企圖心不能大於同理心

講直接點，就是兩人交往，一定要適當的尊重，特別是男生一定要顧慮到對方的想法。因為傳統上，女生內心還是比較保守，有事情不一定說出來，只會悶在心裡，形成內傷。

當以企圖心為交往原則，就會變成「我一定要追到她」，當兩人在一起時，會表達「我的夢想是什麼，妳要跟我一起圓夢」。很不幸的，這也是過往以來許多愛情小說的基調，故事就是一個男生如何「奮鬥」，最後追上美女的情節，而美女後來被男方打動，成為「他的人」後，整個故事也是以男方為主角，女方彷彿成了幫助他成功的配角。

這類故事，都仍是過往男性沙文主義的思維。在現代，有很多中老年人離婚事

件，許多女性已經和老公相處幾十年了，卻選擇在年紀變老、兒女成長後才主動要求離婚，原因是「兒女都長大了，我已無後顧之憂，終於可以追求自己的夢想了」。

說來也悲哀，一個男人愛一個女人，卻從不知道這女孩也有她自己的夢想。

現代人男女交往，不要再犯這樣的錯，不要用一方的夢想扼殺另一半的人生。

多用同理心（若是妳，妳會希望如何），而不是只有企圖心（我想要怎樣，妳要如何配合我），相信兩性關係會更加和諧。

● 家和萬事興基本法門：溝通、溝通、再溝通

傳統式的家庭是大家長「命令式」的家風，這種「唯我獨尊」式的家庭關係，已漸漸不適合現代男女平等的趨勢。

幸福的家庭，還是來自於不斷的溝通。因為這世界上，不可能找到一個凡事都百分百和你可以搭配的人，所以雙方在一起，一定要意見交流，然後彼此各退一步，或者這件事你退一步，下次換那件事你退一步。

曾經有個好朋友和他太太吵架，因為次數頻繁，經常見到他又在和妻子冷戰。我刻意找一個機會去他家拜訪，旁敲側擊了解原因。原來，雙方吵架不是因為什麼大不了的爭執點，卻只是因為「都想表達愛，但方法不同」而不愉快。

妻子：「你愛我嗎？」

丈夫：「當然愛啊！」

妻子：「那你假日不要再往外跑了，多陪陪我啊！陪我一起看影片。」

丈夫：「那妳愛我嗎？」

妻子：「我愛你啊！」

丈夫：「那妳為何假日不陪我去釣魚？我從小就喜歡釣魚。」

就這樣兩人經常吵架，有時候丈夫在假日會陪伴妻子，但陪得心不甘情不願，人在客廳，心在戶外；有時妻子就跟丈夫外出釣魚，但擺明了——「我是在還人情，但我對釣魚完全沒興趣喔。」

有人會問，老師你不是說「大家各退一步」，就會有幸福婚姻？他們就是各退一步啊！但還是不快樂。所以這裡我要補充，所謂各退一步，要來自「溝通」後的各退一步。以我朋友的案例來說，我後來和他們開導，何必一定要「一方快樂，另一方就得犧牲」呢？這真的不是好的模式。我告訴他們，為何不試試可以「雙方都滿意」的方式呢？畢竟他們彼此真心相愛，不需為這種事週週鬧到不開心。

後來他們用心溝通，找出好的模式。原來他們其實可以邊釣魚、邊看影片，釣魚時，丈夫擁著妻子介紹湖光山色以及釣魚樂趣；然後也可以一起窩在車內，幸福的看著影片，邊看邊笑。久了，妻子可以邊陪丈夫釣魚，邊提供意見，丈夫也經常和妻子聊影片裡的劇情，表示妻子看過的影片，他也都喜歡等等。

幸福其實很簡單，不用去找什麼婚姻顧問，不用搞得雙方劍拔弩張，只要不斷的溝通，幸福就常在你身邊。

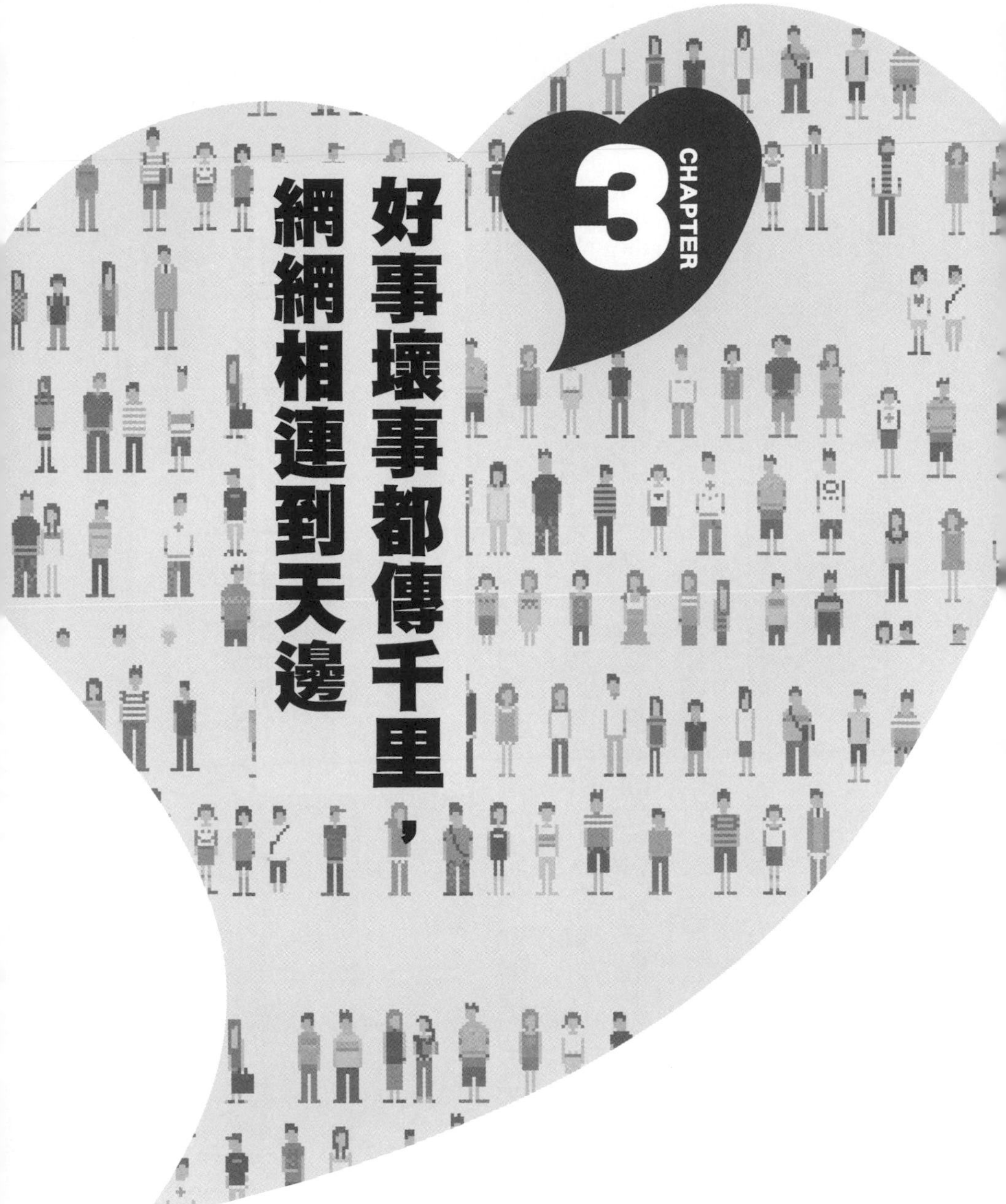

CHAPTER 3

好事壞事都傳千里，網網相連到天邊

Lesson 1
我不認識你，但我喜歡你？

如果有時光機，讓從前的人來到現代都會，他肯定會對現代人的習慣，感到百思不解。不用回溯太遠，就搭時光機回到五年前的台北就好，那時台北就已有繁華的捷運，生活科技和現代也沒差太遠。最大的差別只在手機上網的普及率，以及臉書等社群的誕生。但，是的，就只有這樣的差別，一個從五年前的台北來到現代化台北的人，一進入台北捷運車廂就會感到非常困惑——為何大家都那麼專心的在看手機？

從前沒有低頭族，現在滿街都是低頭族，不只是台北市，就連花東地區，以及外島金門馬祖，到處都看得到低頭族。最誇張的場景是，當處在一個親朋好友聚會的場合，明明大家難得齊聚一堂，原本是共享天倫的場合，卻變成人人一個小世界，他們不是和身旁的人講話，而是都低頭看著自己的手機。

天啊！手機有那麼重要嗎？在這世界上，你最重要的親人都在你身邊，但你卻不理他們，而去跟那些半生不熟、甚至根本不認識的人聊天。

這就是現在的世界。既然這是現代社會現象，我們也要針對這現象，討論如何讓自己在網路世界受歡迎？

在此，我們要釐清，受歡迎有兩種境界：一種是真正的受歡迎，也就是在現實社會本身就已受歡迎，網路社群則只是加分；另一種是單純網路上的受歡迎。一些所謂部落客達人，搞不好走在路上，沒人認識她，但在網路上她卻可以是大紅人。

現代人之所以經常「沉迷」於網路社群，其中一大原因，就是因為在現實生活要讓自己「變紅」，實在太難了。但在網路上，好像很容易就可以經營起自己的「粉絲」。也許你今天在學校做了一件很酷的事，可是爸爸媽媽兄弟姊妹都覺得沒興趣聽，實際上，你那件事也的確沒太多好說的，但你只要稍微加油添醋，搭配一下照片，在臉書上公布，就可能吸引一群人過來按讚，這種「成就感」是其他人際關係難以企及的。所以許多人樂此不疲，甘心終日當低頭族。

我本身不是重度的網路社群使用者。一方面我沒有那麼多時間虛耗在沒意義的網路留言裡，一方面也見證到許多負面的案例，讓我知道上網也要懂得節制。

一個真實的案例是，有一個朋友小吳，他和他另一個朋友小劉是認識十幾年的老朋友，但最近卻翻臉了，並且一翻臉就像是前世仇人般，彼此老死不相往來。但究其原因，到底是發生什麼嚴重大事了呢？

原來在「現實生活」中並沒有發生什麼大事，只因小吳喜歡在臉書上發文，他本身對於某些政見有強烈主張，像是同性戀議題以及多元成家方案，他當時就有很多激動的意見。有一次，好友小劉只是好心的在他臉書留言，要他「不要太固執，偶爾也該聽聽其他的聲音。」就只是這樣，小吳竟然憤而在臉書上刪除和小劉的朋友關係。在從前這是小事，但在現代，刪除臉書好友，就是決裂的意思，就這樣，小吳和小劉在臉書上斷交，可能基於面子問題吧！在現實生活中兩人也就真的不再聯絡。

這是個誇張的案例，卻不是單一案例。小吳寧願每天沉醉在那些他根本不認識，走在路上也認不出彼此的網友話語裡，而把現實生活他真正的朋友 Fire 掉。

然而誇張歸誇張，既然這是現代社會的現象，我們無須逃避，但在此我想要提出因應之策。

如何讓自己在現實生活與社群生活間找到平衡呢？

第一，做好自我定位

包括臉書和 LINE 等，你要定位好，自己要以什麼「角色」出現？別以為這問題很奇怪：「我不就是『我』嗎？」但請相信我，你已經不是你了，每個人在社群裡都會讓自己不一樣。

現實生活中什麼都懶得管的人，到了網路社群，卻突然變成一個熱心公益者，天天PO「路見不平拔刀相助」的訊息。以前也有案例，那些發匿名文章用黑函攻擊別人的人，最後被網路警察揪出，竟然是某大學名教授。網路會讓人「變形」，為了不要讓自己角色混淆，還不如一開始就設定好。例如以臉書來說，有的人臉書就設定為美食分享，有的人臉書主要是做知性分享，有的人主攻八卦，或愛放自己的自拍照，都沒有對錯。只要確認好定位，就可以好好規畫。

有的人白天是工程師，但他本身又是攝影愛好者以及動漫迷，沒關係，他可以兼顧，他可以結合攝影概念來規畫他的臉書和部落格，也可以創立新帳號加入同人社，區分好該扮演的角色，跳躍在不同「世界」就可優遊自在。

第二、信任自己

很遺憾的，近期台灣發生一些負面的消息，有的人因為網路留言而自殺了，生活中也有很多所謂「肉搜」事件，網民都愛當警察。若本身就是很在意別人看法的人，一旦被別人攻擊，覺得自己被「霸凌」，就很容易因此受不了打擊。

我不能阻止大家上臉書或其他社群，畢竟，網路的優點之一，就是資訊多、流通快，我自己本身也透過網路學到很多新知，但我要告訴大家，水能載舟也能覆舟。本書主題是如何讓你受歡迎，但在此也要嚴正的告訴大家，網路上的受歡迎，經常是「假性的受歡迎」。

以臉書來說，我曾見某些知名的學者，他朋友多，很受學生歡迎，但他臉書上「人氣」很弱，你會因此說他不受歡迎嗎？並不會。他臉書上沒人氣，因為他光是從事學術研究就忙不過來了，沒有特別去經營臉書，也覺得沒必要經營臉書。

相反的，很多人每天把心情繫於「按讚數」的多寡，今天心情不好，PO個文章，有幾十個人按讚，於是內心得到溫暖，心情開朗起來；但若按讚數只有十幾個，那心情又開始不好了。

實情是，不管有幾個讚，真心關心你的人，可能只有個位數。這世界上真正關心你的，應該是你父母家人以及最好的朋友，而很可能當你沉迷在手機世界時，那些關心你的人，也被你關在門外。

所以，要進入臉書前，先認識自己，信任自己。告訴自己，臉書只是一個交友平台，不論好壞，都只是個平台，不值得你耗費太多時間，更不值得因此傷神。

我不認識你，但我喜歡你。這有可能嗎？別想太多了。

Lesson 2 是真的受歡迎、還是假性受歡迎？

雖然在上一章我鼓勵大家不要沉迷臉書等網路平台，但也請大家不用因噎廢食，若善用網路及社群工具，的確還是可以讓生活更方便的。

一個善用社群工具為自己服務的人，是聰明的人；反之，就只是現代科技的奴隸。

一個懂得社群禮儀的人也會是受歡迎的人，若運用得當，許多人還可以從社群紅到現實生活。

近十年來，許多知名的人物，如九把刀、彎彎等，姑且不論他們後來因為緋聞而形象大傷，單說他們從沒沒無名到成為社會名人，搭的就是網路便車。他們初成名的時代，還沒有臉書及LINE，但已有部落格以及豐富的網路文學，就是在那個背景下，讓他們走出一條路。

這幾年來，更有許多人因為社群生活營運得當，成就事業。許多知名的部落客，因為影響力大增，現在請他們寫文章，一篇動輒好幾萬、甚至超過十萬元，而紅到一個地步後，部落客甚至上電視變成名嘴，成為月入數十萬、上百萬元的富翁。

我鼓勵朋友，若你有一些專長，但在現實生活中，也許因為個性內向，或因為專長的專業性較局限，讓你因此無法受歡迎，那麼透過網路行銷自我是個好點子。好比說你擅長寫言情小說，或者你是個軍事達人，又或是你對美食有獨到見解，且文筆又不錯，那麼，網路社群也許是個值得經營的園地，讓你有機會成為一個「受歡迎」的當紅人物。

並且我要特別強調，這種受歡迎，是真正的受歡迎，是基於實力所帶來的受歡迎。相對的，一些只靠美女圖、或技術上操作，讓自己「人氣」變高，那都只是虛假的受歡迎。什麼叫技術性操作呢？其實，任何人只要有心，例如你花個幾天工夫，到處逛臉書，到處去幫別人按讚，到處加入好友，十個網友裡總有三五個願意加你好友吧！因為你幫別人按讚，十個人裡也許有一兩個會回饋你，也來幫你按讚吧！相信若你願意花個幾天工夫專心做這件事，終究會累積你自己臉書的按讚數。

事實上，某些專業公司的服務內容，便是幫客戶累積按讚的次數，方法也是透過勤勞撒網，以及靠名單帶動名單。只不過，這個數字對你來說，有任何意義嗎？除了看的當下得到一種自我安慰式的高興，在現實生活中，若本來就是 Nobody（無名小卒），那此時仍然是 Nobody 啊！

想要讓自己在社群中廣受喜愛，除了胸有點墨，有真實本領外，另外，就是要注重禮節。

以工作來說，最常被使用的不是臉書，而是 LINE 和 WeChat 等平台。一種實用的作法，就是透過業務關係，將同性質的人結合成群組。例如公司不同產品的業務團隊設有專門群組，甚至有的公司，規定看LINE是每天基本工作內容之一。也的確，有了LINE，老闆交辦事情，或同事間討論專案，變得更快速便利，也許老闆人在高雄，團隊分散在台北台中各地，但靠著LINE，老闆下一個命令，同事們可以即刻執行，就算有討論意見，也可很方便的在群組上討論。若在過往，老闆要交辦事情，得將全體拉回台北總公司開會，會議討論耗時費力，往往開完了會，還是發現有事情沒討論到，在執行時仍得靠電話問來問去的。有了LINE，實在方便不少。

但在LINE普及的現代，有些禮儀一定要遵守，否則就會讓人討厭。首先，如同臉書一樣，我們還是要做好「自我定位」。一般人多半有私人LINE帳號，然後加入幾個不同群組，那麼當在私人帳號時，要怎麼聊天亂打字都可以，那是個人自由，可是一旦在群組討論事情，就列入「公事」範圍，行事要小心。

群組裡常見兩種很討厭的人，一種叫洗版客，一種叫炫耀客。

洗版客通常就是兩個人在LINE上討論事情，然後討論到後來變成兩人在爭論或者是開玩笑，忘了這是「公開場合」，他們打字占了太多篇幅，結果帶給大家很大的困擾。因為我們在 LINE 上時常有些公告事項，但因為有人洗版，其他人要看公告，還得往前一直拉一直拉才找得到，帶給大家困擾。

另一種洗版，當事人也許以為是開玩笑，但卻會讓大家感到很討厭。例如一句話：「我下午要去桃園開會，見那個很愛殺價的張董。」他可以打成

我

下午

要去桃園開會

見

那個很愛殺價的

張董

在手機的小小空間上，這句話就占了六行，若他經常如此，那更是 LINE 溝通上的噩夢，你根本很難清楚的看到所有討論訊息。

炫耀客也算另一種性質的洗版，就是他看到什麼笑話，什麼有趣的圖片，想到

就拿來 LINE 上分享。的確，LINE 群組本來就是一個分享的平台，只是若這群組是公務性質，你一直上網 PO 這些和工作無關的事就惹人討厭了。

其他令人討厭的行為，不論在臉書在 LINE 或在部落格都一樣，就是貼廣告。在臉書上，你還可以封鎖這個人，在 LINE 上就比較困擾。也許對方是群組正式成員，但老是愛上網做廣告。我有個朋友，就透過 LINE 管理員機制，先是公開警告，後來有人再犯，他只好痛下鐵腕，用強制刪除的方式，刪掉那人的群組資格。

LINE 既然被界定為是公事的一部分，那就要依照公司規定，每天要開機。但不一定時時要看 LINE，有的公司規定，每天要「經常」看 LINE，有的公司則指定時間，當有重要事情時，下午兩點會在 LINE 上宣布等等。

我個人覺得，LINE 很方便，但也不要一天二十四小時都在看，那樣反而影響正常工作，相信一個理智的老闆也不希望自己員工每天都在看 LINE，而都不去拜訪客戶。

最好的做法，還是聯絡急事靠電話，有討論事項，再選擇在 LINE 上分享。

Lesson 3

你·為·什·麼·不·理·我？

很多事情，一開始人們以為沒什麼，只是一個小小的聲音，但後來卻發現，原來那小小的聲音，影響力有那麼大。以二〇一四年台灣發生的太陽花學運來說，這次事件，讓人民見證到「鄉民」、「婉君」的力量。從此不論是政治人物選舉，或者企業界製作廣告行銷企畫，都必須很慎重地把網民族群列入考量。

網民就是指年輕人嗎？其實不然，現代每個人都可以是網民。從前人們生活再忙，生活圈就仍只是名片簿裡的那些人，但現在，人脈累積速度變快了，雖然百分之七八十都是半生不熟的人，但只要是認識，就還是會花時間聯絡。從前時代還可以說通訊不便，點個頭，從此成為過客；現代卻只要一個人成為你的 LINE 上朋友、臉書朋友，就可能時時刻刻發訊息給你。

這也為現代人帶來一個常見的問題，那就是「已讀不回」。

當我們面對面時，我講一句話，對方就要回一句話，直到他表示不想講話為止。當我們用電話溝通，也是我講一句話，對方做回應，若不想講了，就掛斷電話。但當 LINE 時代來臨，就產生一種狀況，我講一句話，你接著要做什麼？有三種選擇：一、回一句話；二、一直沒讀訊息；以及三、已讀不回……

當透過網路溝通時，「已讀不回」的確是種讓人「心焦」的狀況。就好像你去商店買東西，要嘛店員出來幫你結帳，要嘛店員不在，你下次再來。但現在是，店員明明在，卻站在你面前，呆呆的不講話……這是什麼狀況呢？你是要還是不要？你是同意我還是反對我？你是知道了還是我還得打電話告訴你？你到底是怎樣啊？

許多情侶後來吵架，就是因為這種「已讀不回」。

但實際分析，為何會已讀不回？大多數情況，是沒空回，有的時候，是根本忘記這件事。因為當我們忙碌時，不一定會時時看著手機，而在工作或上課時，手機經常會開靜音，也無法緊迫盯人地看著手機。也因為通常 LINE 傳的事不是很緊急的事（真有急事最好打手機），所以既然有回沒回都沒差，訊息就會被「放」在那邊，忘了傳 LINE 的那個人，可能此刻正「心有千千結」呢！

我的建議是，要避免這種情況，可以選擇「不要點開」。

當你正在忙的時候，根本就不要去點開 LINE，沒看就沒有回不回的問題。有時候，則是 LINE 另一方問的問題，你暫時無法回答，例如對方問你「晚上要不要一起吃飯」，但你正在等另一個約，也可能是約在今晚，所以你無法立刻回覆。此時，禮貌上你要簡短的回應：「我目前還不能確定，可否下午 X 點再回覆你？」或者，乾脆先不要點開 LINE，因為當看手機的 LINE，我們還是可以看到對方最新的留言，但只要不要點開單一的 LINE，那麼在對方的 LINE 顯示裡，你還是處於「尚未讀取」

狀況。你就可以慢慢考慮，等確認後再回覆就好，如此，就不會有不禮貌的問題。

另一種情況是，例如在會議中，因為公事關係，公司裡也准許你手機放在身邊，但要開靜音。此時你看到LINE的訊息，也不小心點開了。那麼，無論如何，你都要回幾個字，例如「我正在開會，不方便。」甚至就點個圖過去，如果對方和你夠熟，就會知道，你現在不方便回。

現代的網路通訊平台有很多，包括LINE、WeChat、Skype等等，如果在和朋友見面時，對方抱怨，說他留訊息你都不處理。這時就可以當面講清楚，說你平常沒有在使用某個平台，所以看不到。這種事情的確常發生，因為就算是LINE傳訊息，也有可能當初在設定時，雙方雖有互加LINE，但最後未按確認。結果，他的訊息可以傳給你，但在你的手機卻真的看不到，還必須去「加入好友」中做設定，才看得到。

凡此種種，都必須注意。因為在從前，網路平台網路通訊軟體，都只是工具，但在現代，似乎只要是朋友，就要建立這種關係。而如果在這層關係上都不能做好溝通，似乎也就暗示你們的生意難以進行。而如果兩人是想往男女朋友關係方面發展，更是代表著你們雙方不來電。

而在網路通訊時代，一個常犯的錯誤，就是忽視對方的感受。當你打字給對方，也許圖個方便，只打幾個字，卻忘記當對方看到你的留言，會不會誤會。有時候字打太短會讓人誤會意思，更多時候則是字打得冷冰冰的，讓對方覺得你冷漠沒有感情。男女朋友間，有時候就會因此吵架。例如同樣是回答「我知道了」，若打成「我知道囉！」外帶加個笑臉，對方會感到比較溫暖。

特別是當在交代事情時，若打「出門時記得門要鎖好」，對方看到留言就覺得像是在命令，但若打成「出門時記得門要鎖好喔！^^」，感覺就會比較窩心。

別小看這種事情，若 LINE 只是單一事件那還好，但若不幸，剛好搭配其他事情，好比說，早上本來小倆口就有點吵架鬧不愉快，此時 LINE 的語氣又太過冰冷，就會讓雙方的冷戰更加嚴重。

曾有一個經理留言給部門新人，她本來寫著「下次不要再遲到了。」正準備按

Enter，此時她仔細想想，早上剛罵過這個新人，如果LINE這樣傳出去，可能讓對方以為經理不信任她。於是，經理把文句修改一下，改為「下次不要遲到囉！」一字之差，整個語句卻變成帶點溫馨、小提醒的感覺。對方後來也立刻回覆：「經理，遵命囉！^^」讓經理看了莞爾一笑。

後來，這個新人來公司三個月後漸入佳境，工作實績也漸受肯定，談起當初那個LINE，她就說，那天她本來有點心情不好，如果又收到冷冰冰的LINE，很有可能第二天就不想來上班了，但經理那通「溫暖」的LINE，讓她決定再給自己一次機會，從此也都沒再遲到了。

從LINE也可以看出一個人的個性。如果一個人動不動就用LINE緊迫盯人，這種人可能帶給對方很沒安全感的印象；如果一個人喜歡LINE講一半，也不做個結尾就突然消失了，隔很久才又繼續，可能也會帶給人不是很負責、不可交付重任的印象。

Lesson 4

上臉書就是把自己攤在陽光下

除非一個人擺明了拒絕現代科技，堅持不被現代3C工具干擾，否則任何人只要加入網路世界，你的一舉一動，就會受到影響，也會影響別人。

其實現代社會真的還是有很多非3C族群。有的人是追求純樸生活，能不用現代科技就盡量不用，家裡沒電視沒冷氣，可能有支備用的傳統手機，但絕不是現代化的iPhone，在美國，這樣的族群很多；有更多人則是純粹經濟考量，不使用3C手機，或只用傳統手機；就算是有高階手機的人，也不是人人都隨時習慣使用LINE、臉書等。因此，當我們做人際溝通時也要記得，不要把使用LINE等行為視作理所當然、人人都有的行為。

但不可否認，在現代人際溝通上，LINE 和臉書的重要性變高了。近年來台灣就發生幾起和 LINE 相關的勞資糾紛，有員工請假沒上班，就只是用 LINE 傳訊息，說「我今天生病不進去了」；但對公司來說，這不算正式流程，於是那人被記為曠職。或者開會通知用 LINE 發，但剛好有的人手機壞了，或忘在家裡，並沒有收到 LINE，結果沒參與會議，引來主管大發雷霆。

但究竟該怎麼做比較好呢？我的建議是，在工作上，只把 LINE 當成是輔助工具就好，不要把 LINE 當作「正式平台」。基本上，LINE 不算正式工具，並且就現實面來說，如同前面所說，雖然智慧型手機已經普及，但也的確還是有很多人因為經濟情況不佳，並沒有買智慧型手機。除非公司有補助員工手機，並且老闆有正式規定，員工有看 LINE 的義務，否則若因沒看 LINE 而錯過訊息，不能責怪員工。

即便每個員工都已有智慧型手機，建議真正很重要的事，還是要在正式會議面對面時交辦，或者電話指示。至於LINE群組倒是可以傳些和福利相關的公事，例如「福委會正在團購水蜜桃，有興趣的快來登記」等。這樣的訊息，就算員工漏了看到LINE，也不會影響具體的工作。

現代人每天多少都會受到網路社群影響，大部分人知道一則最新訊息，主要來源已經不是靠電視，而是靠上網。

然而很多人可能忽略了，不只是你自己受影響，同時我們也在影響別人。

當我們上臉書留言時，別看上面按讚數只有二三十個，實際上看到的人可能有兩三百個，許多人留意你訊息，但他們不會按讚，他們甚至也不是你臉書的朋友。而若剛好你發布了比較聳動的訊息，透過分享機制，看到你臉書的人，甚至可能暴增到上千人。

因此最好不要把臉書當成是你的「日記」，真的要有私密性，你就絕對不要上網，一旦上網，就代表你是要把自己攤在陽光下，供人欣賞。

近來有太多這類的糾紛了，有員工在公司被老闆罵，於是在臉書留言用三字經罵老闆；或者去哪家店吃東西，覺得某家店服務不周，就上臉書寫「這家店是黑店，請大家告訴大家，不要再去被坑」。結果以上的案例，最後都鬧上法院，並且在臉書留言的一方，也都因此被罰鍰或失去工作。

有人認為，我只是在「自家」臉書發言給自己看，為什麼犯法？又不是跑去老闆或餐廳那裡留言，這就是對網路的法律定位不瞭解。總之，若你想當個有自我隱私的人，就不要上臉書；一旦上了，就要對後果負責，包括法律責任。

在國外大企業，如果要應徵一個人，事先會做很多功課，其中就包括上臉書。在台灣，也有很多企業，會上臉書做簡單徵信。從臉書上可以看到的事很多，別以為你沒在臉書上寫下犯法的言論就好，很多事都還是會影響你的未來。例如當你留言發表對政治的看法，有的公司可能從你的言論中，認知你這個人的思想比較偏激，未來或許和主管會常爭吵，所以不適合；有的公司發現你在臉書盡是PO些吃喝玩樂的文章，但從來沒什麼建設性發言，可能就覺得你這個人只愛玩，也不適合他們公司等等。

別以為臉書只在工作職場發生影響喔！就連感情世界也是一樣。現代男性若在外頭有小三的，知道老婆會檢查臉書，當然不會白目到在臉書上留下犯罪的痕跡；但可能發生狀況的是，男女尚未交往，還在「友達以上，戀人未滿」階段，當對方對你有興趣，理所當然會上你臉書瀏覽，然後一旦發現有什麼「怪怪的」，例如你有奇特的言論、怪異的搞笑照片，或者你的交友很複雜等等，可能看著看著，原本剛開始發芽的戀情就此枯萎，大家「謝謝再聯絡」。

有一個很大的誤解，許多人為了衝人氣，喜歡在網路上PO些自以為可以吸引人的文章圖片。最常PO的是美女圖。姑且不論有沒有法律問題，但光以觀念來說，也許那些美女圖，可以幫你吸引人，可惜吸引到的主要還是爛咖。以女孩子來說，有人想要讓自己一夕暴紅，PO些尺度邊緣的照片，希望可以被星探相中，可惜，星探不會來（因為老實說，這種圖片太多了），反倒都吸引到一些不正派的人，若因此建立某種連結，那就後患無窮。

臉書男女交往，還有一個大缺點是，當甜蜜的時候，雙方不分你我，一旦分手，慘了！過往的一切都在臉書上留下紀錄。雖然你自己臉書上的照片可以刪掉，卻不能逼對方也刪除他臉書上的紀錄，因此惹出的爭議，近年來也常登上社會新聞。有新婚愛侶因為一方從前舊照片曝光，而婚姻出現裂痕的；也有剛要竄起的新星，卻因過往裸露照片被公開，形象大受損傷，只能說悔不當初。

特別是對於女性，我這裡要提醒，即便時代進步到網路發達、男女平等的現代，但傳統思維的影響力多少還是存在。

說個笑話：

「一個男人擁有很多女人，叫風流；一個女人擁有很多男人，叫下賤。」有一個女生不服氣，問男生這社會為何這樣？那男的又有比喻：「如果一把鑰匙可以開很多鎖，我會說這是把萬能鑰匙；但如果一把鎖每個鑰匙都可以開，那我會說這鎖……壞掉了。」

不好意思，這就是社會現況，所以女性上網要比男性更加小心。正面訊息可幫助自己，但網路上負面訊息對自己的殺傷力，千萬別小看了！

Lesson 5 讓我向全世界廣告我自己

由於網路社群是影響現代人際關係的重要媒介，因此，在此多用點篇幅來做介紹。在從前時代，一個人只要懂得做好人際關係，懂得在鏡頭前微笑，就可以展現良好形象。從前時代雖也有八卦雜誌，但人們總認為那是「小道消息」，不至於不信，但也不會全信，總之，不會全面影響名人的知名度。

但現代社會不一樣了，鄉民的力量太強大，動不動就展開「肉搜」，動不動就爆料「起底」。並且有兩股力量同時運作，其效率是過往的百倍千倍，一個力量是資訊搜集的力量，一個力量是鄉民傳播的力量。有時人們會很好奇，這世界上怎麼真的有人會閒閒沒事做，真的花工夫去找資料，並且還製作成文宣在網路上發布呢？但請相信我，現在的宅男宅女們，要他們在陽光下做什麼運動競賽，可能都是弱雞，但要他們在電腦前徹夜不睡絕對沒問題，並且當鄉民串連起來後，大家在網路上有伴，興致就更大了。

不說候選人要競選時，連祖宗八代的事都會被挖出來，像是有什麼偶像明星出道，有什麼清純玉女出來做公益廣告，當他開始紅的那一天起，就等於是昭告天下：「大家來研究我吧！」二〇一四年的太陽花學運搞得沸沸揚揚，幾個學運領袖一時成為未來之星，但在之後的日子裡，有很多人被陸續「起底」，把不堪的過往挖出來，然後一個個中箭落馬。

網路的資訊力量強大，但可惜，網路雖有充沛的資訊，卻不代表有資訊篩選的力量。於是現代人表面上擁有比從前人多百倍千倍的資訊，但資訊太多，等於沒資訊，所以造就的現代孩子，不一定比從前更有內涵。反倒因為少了看書的習慣，不論是文字書寫能力，或者對於基本常識的了解度，都有退化的現象。

經常發現一個訊息出來，經過鄉民們大力推廣，一時間成為主流訊息，就算其中有些有識之士發現資訊好像有誤，但也「螞蟻難撼大樹」。一個人若負面的形象被定型，透過網路的力量，那簡直是無法翻盤了。以知名的國際紅星舒淇為例，她出道時是個拍過三級片的小咖演員，在那個年代，電腦也才剛問世，網路科技發達還要等個十年，她在這十幾、二十年後已變成一個演技派明星，但不論十年、二十年過去，她永遠會被人起底說她是脫星。還好她出道比較早，若她出道晚一些，可能還沒有發展，就先被網路力量給淹沒了。

因此，我常勸朋友，凡走過必留下痕跡。舒淇是演員，所以難免在當年的報章媒體上留下印記，但我們只是一般平凡人，若不是我們「自己公告」，一般人並無法知道我們的成長軌跡，將來有一天我們要去參選總統，或者變成電影明星，媒體所能找到的資料，也頂多就是我們求學歷程的所有畢業紀念冊。

但若我們選擇經常上臉書，那就要有個認知，我們自己把自己的軌跡呈現給大眾看。

許多明星或企業家們常忘了這點，明明對外喊窮，說日子不好過，但臉書上卻PO出他出國旅行，去大餐廳吃飯的炫富照。

二〇一五年轟動全華人世界的貴婦團阿帕契事件，更是臉書惹的禍。老實說，若當初李倩蓉小姐不在臉書上炫耀，她們的事也不會東窗事發。並且一環扣一環，從這個臉書追到那個臉書，有人發現事情不對，想要趕快刪除臉書文章，但別忘了，現代鄉民是超有效率的，一嗅到哪邊有好玩的事，大家已經瘋狂湧入相關人等的臉書，並且把相關圖文都已拍照存證。

什麼時候那些圖文會消失？答案是永不會消失，一直到世界末日那天。

聽到這裡，朋友們還要對臉書掉以輕心嗎？

我的許多朋友們都是知名講師或企業家，他們早已覺悟，臉書只是另一個Promote平台，因此你上他們臉書，只會看到一些很硬的東西。對於有興趣的人來說，他們自然會留下來，學習這些線上教學的東西。但一般想看八卦的朋友，絕不會在他們的臉書上找到什麼負面私人資訊。

基本上，一個想要受歡迎的人，一定也是個懂得為自我定位的人。

現在假定我送你一個免費廣告平台，讓你可以長期運用，難道你只會在上面PO些沒營養的文章，例如「今天那個機車老闆又發飆了」，或「今天老娘心情不好，X的別惹我」這種嗎？如果是廣告平台，你一定用心良苦的去發揮才是。那麼現在，臉書不就等於是個完全免費的廣告平台嗎？

請想清楚你的發文目的是什麼，並且想想這樣是否有助於你成為受歡迎的人。

請問你每天PO吃喝玩樂文章的目的是什麼？是要別人羨慕你嗎？這樣是否能讓你更受歡迎？

還是你想讓人們知道你是成功人士，塑造你的正面形象，甚至歡迎一些陌生朋友透過臉書與你做生意，建立合作關係？

若是如此，那你的臉書又該是什麼樣子？

如果今天臉書是要付費的，就好比你刊登一個報紙廣告，多則幾十萬，少也要好幾萬，那麼你會在廣告上亂寫文章嗎？

或者今天有電視台要專訪你，你會和主持人講一些有的沒有的、沒營養的內容嗎？

當你用心思考網路這件事，用心思考「你」和「人際」的關係，相信之後你應用網路社群時，就會更加仔細、更加用心。

CHAPTER 4

職場魅力，讓你前途亮麗

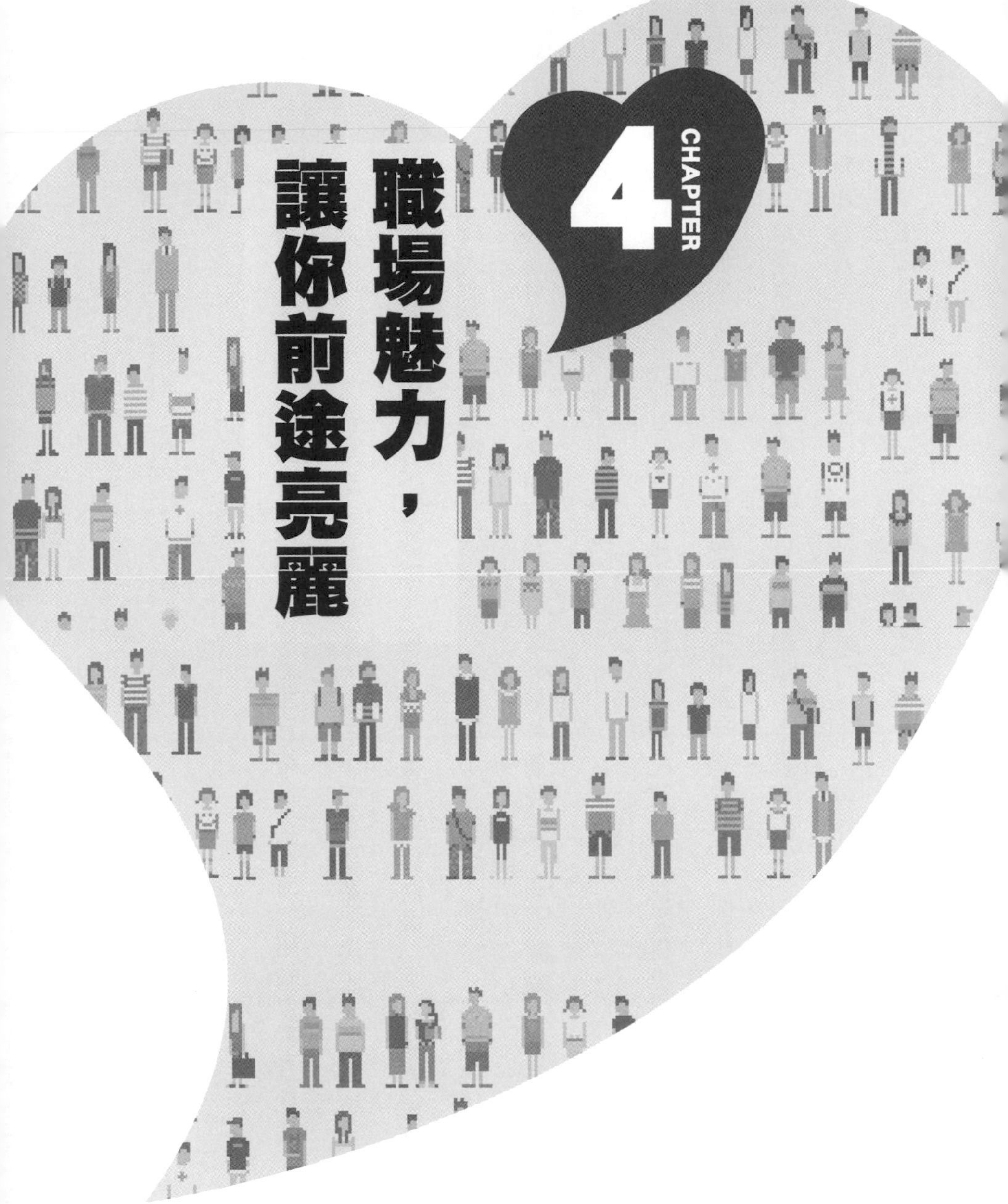

分享一個職場的實例。

公司剛承接了一個市政府標案，老闆召集企畫部同仁開腦力激盪會議。

老闆：「大家都知道，夏天到了，市府下個月要辦一場水上嘉年華活動，本公司很榮幸在同仁們努力下，拿下這個案子的攤位區招商案，今天我們來討論具體做法，請大家踴躍發表意見。」

A企畫拿起早就準備好的建議案，第一個發言，高談闊論，他建議該舉辦怎樣的摸彩活動，可以吸引人潮。

B企畫拿起他自己的建議案，提出另一種建議，他覺得摸彩太老套，摸彩還是要摸，但不是活動重點，重點應該是辦蓋章地圖活動，因此和甲企畫激辯起來。

C企畫沒表示什麼意見，他左稱讚A企畫有內容，右誇讚B企畫有新意，純粹附和別人。

老闆邊皺眉，邊一言不發地看著A和B在爭論，然後望著D企畫和E企畫，因為他們兩人自始至終都還沒發言。

知道老闆在看著他們，D企畫開始發言了，他只問一句話：「老闆，您昨天有和市政府開會，請問市長有沒有什麼指示？」

老闆終於露出了笑容。

老闆又問E企畫意見，E企畫只說，一切聽老闆指示，老闆的意見一定最好。

原來市長想要將本次活動和公益結合，另外也想要照顧在地農民，所以已暗示這場活動的重點在於「建立市府公益形象」，至於招商的噱頭，倒是其次。

在釐清專案重點後，大家才又開始討論，但之前已浪費了半小時。

這個實務案例，帶給我們什麼啟發？

職場用人，當然都是要找「有才」的人，然而，既然都可以考進一家公司，基本上的本職學能絕對是足夠的，真正考驗能力的關鍵，不在誰比誰「聰明」，誰比誰「認真」，更不是誰比誰「會諂媚」，而是誰比誰「懂得做人做事」。

職場上常見的三種人，第一種是像A企畫一樣，只懂得「彰顯自己」，忘了深思熟慮後再行動；第二種是像B企畫，他也一樣沒有先就大局著眼，只會針對自己的立場，和不同意見的人對抗；第三種像C企畫這樣的人最多了，誰也不想得罪，人云亦云，雙面討好，這是老闆最不喜歡的類型，但職場上這類人當真不少。

唯有D企畫，這樣的人懂得做到「先退一步，觀望全局」；更重要的是，他懂得在不著痕跡的對話下，讓會議主導權重回老闆手裡。

至於E企畫，只懂諂媚，雖然拍了老闆馬屁，但沒有什麼實際貢獻。實務上，他做沒幾個月，就因能力太差不得不離開公司了。

而隔年，D企畫升任企畫主任，帶領A、B、C一起打拚。

Lesson 1

順著對方的毛摸

在職場上，人人都想成為受歡迎的人，但「受什麼樣的人歡迎」很重要。

有的人一味討好同事，三天兩頭就請同事吃飯，或給點小東西，自以為建立起自己的「人脈」。殊不知，只依賴物質討好同事所換得的「受歡迎」，只是虛假的「受歡迎」。而在此同時，這樣的人卻可能讓老闆和主管們討厭，因為所有老闆和主管們都不喜歡搞小圈圈的人。

「一山不容二虎，你在我眼皮子底下想做大善人。怎樣，是要搶我的位置嗎？」這可能是老闆或主管心底的 OS。

還有些人只一味的「順應上意」，做任何事，他的口頭禪總是「老闆說……」，左一句「老闆說」、右一句「老闆說」。在職場上，這樣的人最不受同事歡迎，久而久之，講話也永遠矮人一截。但得罪了同事，至少討好了老闆吧？可惜也沒有，老闆也不喜歡這種沒主見、只會「聽命行事」的人，最後這種人往往落得兩面不討好，被同事排擠，老闆也不喜歡他，只得捲鋪蓋走人。

在職場上，到底怎樣的人才會受歡迎呢？要站在老闆這邊，還是站在部屬那邊呢？似乎兩邊立場相反，站在這一邊，就勢必得罪另一邊。

但事實當然不是如此。

首先，不要以「零和」的角度，來看待辦公室的關係，而應該是以「如何將事情完成」作為判斷依歸，當事情可以完成，老闆自然高興。而事情的完成並不是靠討好老闆而來，同事間也能相處愉快。

重點是，如何「把事情完成」呢？

職場上的人常犯的一個錯誤，就是「搞錯方向」，他自以為把事情完成了，但實際上，依老闆的標準他並沒有完成。

簡言之，要把事情完成，還是要依照「老闆的觀點」，但這不代表你在諂媚老闆。

舉個例，由於你心思細膩，工作勤快，老闆把你找進辦公室請教意見。

老闆：「小陳啊，關於上海大廠那邊的商品設計需求，你有什麼想法？」

小陳：「我覺得現在流行文創公仔風，我們來設計幾個可愛公仔，搭配一些角色設定，一定很有意思。」

老闆：「有趣有趣，那你提個案子給我看看吧！」

這樣的結果，皆大歡喜。

但同樣的背景，有另一種版本。當小陳提出文創公仔風的概念後，老闆提出進一步的意見。

老闆：「現在環保議題很夯，中國過往背負環保惡名，也許可以提出環保概念的商品。」

小陳：「老闆，環保議題喊了幾十年，已經是老梗了。我們應該開創新局，做公仔，讓各年齡層的人都買單……」

老闆：「……」

小陳這反應，就不是很妙了。或許最後老闆採納「你的」意見，公司若因此賺錢了，那就沒事；若這個案子發展不如預期，那你的地位就不保了。

現在換另一種方式，當老闆提出環保議題正夯時，小陳立即熱烈的回應：「老闆說得是，果然高招，那麼順應您的想法，做成環保概念的公仔，一定會大受歡迎。」

當小陳這麼一說，他在老闆心目中的地位又提升了三級。

因為小陳做對了兩件事，第一，他「順應老闆想法」；第二，他「把一切功勞都歸給老闆。」

不論是在公司領人薪水做事，或是在商場和客戶互動，天下的道理都是一樣的。

受歡迎的人，就是可以「順著對方的毛摸」的人。

就好比你順著毛撫摸一隻貓咪，牠會在你膝上乖乖睡覺；但你不順著牠的毛摸，小心牠跳起來咬你。

不論是和老闆講話、和客戶溝通，或者純粹與人交談，「投其所好」是基本的要求。

以夫妻買衣服為例，當太太問你：「買黑色這件好、還是白色這件好？」你可以中肯的提出意見：「我覺得白色比較好看。」但接著她說：「可是你不覺得這件黑色的穿起來會很出色嗎？」此時，作丈夫的就該知道，其實太太心中已有定見，接著就該表示：「對耶！你的眼光比較好，你穿黑色超美的。」若有丈夫白目到還要說：「妳家裡黑色衣服很多了啦！不要再買黑色的了。」可想而知，一場爭執瞬即上演。

很多夫妻爭吵就是這樣來的。

連親密如夫妻者，都可以這樣「意見不合」，甚或最後吵到離婚，更何況職場上的人際互動？當老闆或客戶們已經「暗示」他們心中的想法時，你心中縱然再有多少高見，也請停止自我表述，停止所有「自以為是」的建言。接下來，沒有第二句話，「順著老闆」的思路走下去就好。

建言，只在對方沒想法時有用。如果你覺得你老闆是沒想法的人，那就盡量提意見吧！只是，你想想，有可能一個「沒想法的人」會成為老闆嗎？思慮及此，你還要固守己見嗎？

Lesson 2 轉換角度，逆勢勝出

當你是作為由上對下的讚賞者、扮白臉位置的激勵者、或者施惠於人的施與者時，想要講話受歡迎，並非難事。真正考驗一個人說話智慧的，反倒是當你處在不容易討人喜歡的位置時，仍可以把話說到讓人喜歡，達到目的，這才是談話及人際溝通的最高智慧。

想想看，我們在職場，是不是經常處在這樣的位置？我們希望公司為我們加薪、要上級給我們更多資源、要其他部門積極配合、要客戶掏錢買產品……。這每一件事都是高難度的溝通，一不小心就得罪人，但它偏偏是我們每天都要做的，此

刻就看我們的功力了。

同一件事有很多種說法，新聞政治版不是有句話說：「一個中國，各自表述」？我們的日常生活也經常要：**一件事，不同表述**。

有個笑話是這樣的：

A和B兩人分別到教堂來，向神父告解。

A和神父說：「神父啊，我每次禱告時都很想抽菸，可以嗎？」

神父怒斥：「荒唐，禱告是神聖的事，怎麼可以在禱告時想抽菸，回去檢討一下。」

另一天，換B來到神父面前告解。

B和神父說：「神父啊，我每次抽菸都會深刻反省，這時就想到上帝，所以我每次抽菸的時候都很想禱告。」

神父說：「能夠時時刻刻想到神，你這孩子是神的驕傲，記得永遠不要忘了上帝。」

明明是同一件事，只是講法不同，一個被喜歡，一個被討厭，這就是說話的藝術。

不妨想想，當要陳述一件事，而對方極可能不同意時，最佳的方案是什麼？好比說，考試成績差了，要和父母報告；好比說，想買一輛車子，要和老婆要錢。每件事尚未開口，就可以想像對方責罵或反對的臉孔，此時可以怎麼做呢？

一般人面對這種情況時，有四種策略。

第一、說謊。這是最差的策略，當說完一個謊，將來要用另一個謊來圓這個謊，永遠補不完的缺漏。最終紙包不住火，結局更慘。

第二、隱瞞。技術上來說，這不是說謊。不是常有老闆罵員工、或夫妻吵架時，盛怒的一方質問：「這件事你為何沒告訴我？」另一方只能摸摸鼻子說：「你又沒問我。」選擇隱瞞，躲得過一時，卻躲不過永久，也不是好策略。

第三、硬幹。就直話直說了，明知結果不好，仍硬去做，這不叫勇氣，而是魯莽。

但很多時候，人們沒有其他方式，也只好硬著頭皮直說，但效果可想而知。

第四、轉換。本來嘛！骰子有六個面，筊杯有多重含意，同樣的東西，端看你怎麼呈現。只要選對方式，還是可以有好結果。

什麼叫選對方式呢？依照我們對人性的理解，只要做個簡單的「主詞」轉換，就可以無往不利。也就是從「I」、「My」、「Mine」，轉變成「You」，結局就會不同。

例如，當我們要陳述一件事情時，本來都是以「利己」的角度，實際上也希望是利己（例如為自己加薪、為自己要到預算等），但在陳述時，卻要改成利他的講話。

下面舉個例子：

老張和老王兩人都想在家裡裝一套音響，但身為好丈夫的他們，家中預算都掌握在老婆大人手裡，因此老張和老王分別要和老婆要求花錢買音響。

先看老張，某天他下班回家，用懇求的方式和老婆說：

「老婆啊，你知道我工作多年來很辛苦，每天勞碌奔忙，晚上回家後，也想放鬆一下。我想買套音響來，放放音樂，鬆弛一下緊繃的心情，你說好嗎？」

老婆心想，難道有我陪著你還不夠，還覺得下班不能鬆弛？但看老公求得可憐，還是問道：「那音響要多少錢呢？」

老張說：「六萬。」

老婆一聽立刻大吼：「什麼！六萬?!你以為家裡很有錢嗎？」

夫妻倆就吵了起來。

再來看老王的例子，他也是某天下班回家，和老婆聊起買音響的事。

老王先是深情的看著老婆，雖是老夫老妻了，被丈夫這樣看著，老婆也有點害羞，嬌嗔：「討厭，你幹嘛這樣看我啦?!」

老王：「沒有，我只是想著，這麼多年來，妳真的為這個家付出許多。今天我在賣場看到一組很棒的音響，聽著那悠揚的樂音。我就在想，這音響多適合妳啊！

真想下班後邊聽音樂邊牽起妳的手，回想你我共度的美好時光。」
老婆：「別只會說，那你還不去買?!」
老王：「但是要六萬元，我私房錢還沒存夠。」
老婆：「要拿錢就說嘛！明天我們一起去買。」

同樣的公式，不論套用在任何場合，都可以有加分的效果。

比如說和老闆要求加薪，不要說「我薪水太少了，請給我加薪」，要說「老闆，請讓我為你做更多貢獻，為你賺更多錢。」賣東西給客戶，不要說：「我們的商品太優秀了，你不買可惜」，要說：「你這麼優秀的成功人士，值得擁有我們這麼好的產品」。

同樣的一句話，換個立場來說，必定會有不一樣的結果。不但讓你的目的達成，過程中，因為你總是站在對方角度，為對方好，對方又怎能不喜歡你呢?!

Lesson 3

你自己就是品牌

在上課時，我常會問台下學員們一個問題：「你們覺得『需要』和『喜歡』，哪個比較重要？」

絕大多數的人都會說「需要」比較重要。

但我卻說：「不對，『喜歡』才是最後的決定因素。」

舉個例子好了，當你口渴時，有時進去便利商店要指定買「茶裏王」，是因為「需要」、還是因為「喜歡」？如果是因為需要，那最解渴的應該是白開水、而非茶裏王吧?!所以當人們進便利商店掏錢買飲料時，他的動作，常常不是單純為了滿足「需求」，而是進入「情境滿足」的心理狀態。

我們大部分的人都是活在「情境消費」裡，這樣的狀況，出現在消費場所，也出現在商場上。

例如，當我們口渴而要在便利商店選一罐飲料，不是選擇最可以滿足需求的，而是選擇自己最喜歡的。換了在商場上，客戶選擇下單的對象，「需求」當然是主要考量因素，但是當許多廠商都可以滿足這需求，為何單單要選擇你這家呢？那就是看客戶「喜不喜歡」了。

在職場上也是一樣，很多從小只會讀書的人，自以為是資優寶寶，但在職場上卻總是不如意，感嘆自己「懷才不遇」：「明明我能力夠強，長官交辦我的事也都可以如期完成，但為何總是難以升遷呢？」答案背後可能是因為，你雖讓公司對你的需求被滿足了，但卻沒能讓公司喜歡你。

再講清楚些，什麼叫作「讓公司喜歡你」呢？

喜歡有三種層次，包括「上對下的喜歡」、「下對上的喜歡」以及「平行的喜歡」。

上對下的喜歡，依賴的是：專業度、信任感以及「綜合能力評估」。下對上的喜歡，同樣需要「專業度」、「信任感」，但第三個因素也很重要，就是「心服口服的長官魅力」。

至於平行的喜歡，就比較複雜了。若彼此有競爭性質，那無論你如何做，都很難消解同事的敵意。但在此暫不論職場鬥爭這部分的心理糾葛，單論做人做事如何讓人喜歡，那麼答案同樣是「專業度」、「信任感」，外加第三點：「讓人舒服的互動」。

聰明的讀者有沒有發現，有兩個共通的元素是一旦做到，就可以讓三方面都喜歡你的，那就是：「專業度」和「信任感」。

當我們把自己當成一個品牌，比照商店裡的「茶裏王」或者其他熱門品牌，就會發現，不論廣告打得多大，請什麼偶像明星代言，想要成為暢銷商品，基本要做好的兩件事，還是「專業度」、和「信任感」。

一旦這兩點破功，那麼原本再受歡迎的品牌，也會在一夕之間崩盤。知名的「胖達人麵包事件」、以及「茶飲連鎖店風暴」等，就是最佳例證。

但如同前面所說，一個職場資優生，明明學、經歷豐富，做事的專業度也夠，符合一定的工作信任「需求」，為何職場升遷之路仍然受挫呢？

這就是人際關係學的祕訣。

有句話說：「做事難，做人更難。」

前面我們找出三方都喜歡你的共同交集是「專業度」和「信任感」，那不同的地方是什麼呢？

讓我們把三方不同的需求，畫成圓再來交叉比對：

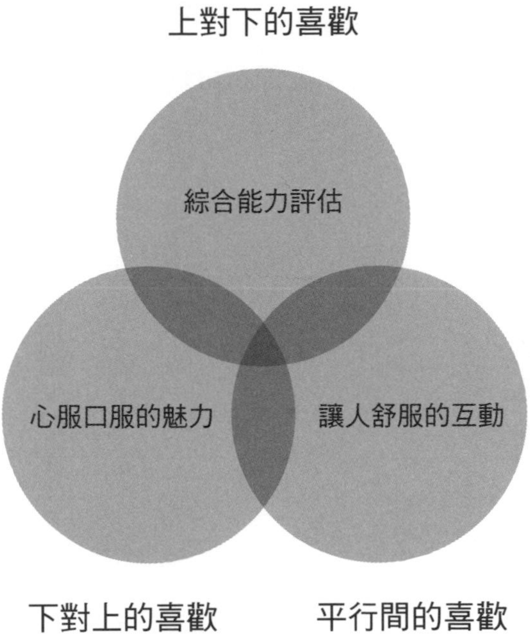

● 如何讓上級覺得你可以把事情圓滿完成，重點不在於你必須「十項全能」，而在於你能夠讓不同專業「整合」，而整合的關鍵是什麼呢？需要善於溝通、協調。

● 如何令下屬覺得你可以讓他們心服口服呢？重點不在於你能力很強，能力強已是必要條件了，但更重要的是，你帶兵必須帶「心」，不論領導、發布命令、工作分配，都能讓下屬「心服」。說到底，關鍵還是在於：溝通。

● 如何讓同事，包括同部門，以及跨部門都喜歡你呢？答案非常明顯，還是善於溝通。

在職場上，請體認你就是個品牌，就像那些暢銷商品般，不只要有功效（專業）、有實績（信任），並且還需要有口碑（溝通）。

許多的品牌，明明本身條件不錯，但最後沒有紅起來，關鍵就在於口碑。

當你提升口碑，在職場上必然可步步高升。下一節，我們就來傳授如何提升職場人際關係，打造高歡迎度的「口碑」。

Lesson 4
非你不可，來自於非常努力扎根

請想像一個情境：

甲客戶打通電話給總經理，下月中準備辦一場夏季新品發表會。這場活動攸關市場排名大洗牌，若能一戰成名，甲客戶將成為該產業的龍頭，本公司也將跟著水漲船高；但若背水一戰仍沒帶來預期效果，甲客戶的前途黯淡，本公司也將喪失一個客戶。

此時總經理將祕書找進來，討論這重大專案要交給誰負責。A企畫、B企畫都有優點，但想一想，最終還是不敢把重任交給他們；C企畫、D企畫都只是做跟班的人才，就更不用提了。仔細考量，只有E企畫可以擔當重任。但，此時祕書補一句話進來：「E企畫請喪假，要一週後才進公司喔。」

總經理思考一下，仍作出決定：「這個案子，仍然交給E企畫，前面的事我先親自處理，相關資料先傳給他，等他喪假一結束回來，立刻接手。」

以上的案例，代表什麼？它代表E企畫的重要性，已經到了就算公司遇到緊要關頭，就算E企畫不在，公司仍寧願等他回來，而不是將任務交給別人。

這就是最高層級的受歡迎度，生活中也常有類似的例子。

男孩去當兵，女友就算身邊有一籮筐的帥哥追求，在寂寞的夜晚，她還是情願看著男孩的信解悶，也不會跟其他帥哥出遊。

家裡的馬桶壞了，想找最信任的A水電行，但A水電行說行程已滿，得再等兩天才有空。我們無奈也只能等他兩天，卻不會因此跑去找B水電行。

這就是所謂的品牌效用。

品牌的效用有多大？當有兩種以上的品牌選擇，但就算A品牌缺貨，買方也寧願選擇等待，而不願選擇換另一個品牌，這就是品牌效用。更有甚者，A品牌表明因某種狀況而暫時無法服務，或服務要索取高價，甚至A品牌並沒有說想提供服務給買方，但買方卻無論如何也要巴著A品牌。最常見的例子，就是經常有熱門藝人的演唱會，票明明已售完，卻仍有許多人想方設法花大錢也要拿到一張票。

銷售的最高境界就是，你不用主動去銷售，人家反過來巴著你、希望你賣給他。這種情況少見嗎？除了前述在影視圈的例子以外，在商場上，這種情形也絕非少見，例如每當 iPhone 推出新機種，都是未出先轟動，年復一年出現大眾排隊買新機的新聞。

個人品牌當然也可以有類似的效果，就像偶像團體的成員來台灣發表演唱會，粉絲團蜂湧進機場，就是最大的「受歡迎度」保證。我們若在一家公司、或在某個人際圈圈裡，可以做到「人不用到現場，名字就已經被到處傳頌」，那你肯定是個受歡迎的人。

根據我多年研究分析，要達到這種境界的人，絕對是已經「抓到心」的人，以下面三種層級來做說明。人與人間的關係，就供給需求面來說，有三個等級：

1）抓到你的需求：這是最基本的喜歡，就好比去餐廳用餐，菜色符合口味，以後中午就可常來這家餐廳用餐。

2）抓到你的喜好：這就是進階版的喜歡，不只滿足我的需求，並且還和我建立一種關係。例如我和這家餐廳老闆見面會打招呼，例如兩個條件一樣好的帥哥來約我，我會選擇自己更喜歡的那一位，或總經理交辦任務，心思會多放一些在甲業務身上等等。

以上兩種，都只是人際關係間「一般層次」的受歡迎。但當碰到重大考驗，例如公司有個案子急需找人負責，女孩孤單夜晚需要人陪伴，而「那個人」不在身邊。那麼，單單只有以上兩種等級的關係，絕對是 Hold 不住的。

真正受歡迎的人，是達到第三個等級：

3）**抓到你的內心：**這是很高的門檻，但一旦抓到，就算有再多的拉力，也扯不開對方對你的喜歡。好比有人買手機，就絕對指定要iPhone；或者女孩子跟定你，永不變心。

這樣的受歡迎度，要如何打造呢？這需要「基本的特質」，加上「用心的經營」。

本書第一章講的各種個人魅力，包括做好三種表情，以及掌握第一印象等等，這些都做到了，就擁有讓你受歡迎的「基本特質」，之後要經營辦公室人際關係，就端看你是否用心經營。

也許每個職場產業有別、環境不同，同事的個性也都各異，但共通的道理，就是要懂得「用心關懷別人的需求」，輔以經常性的讚美、鼓勵支持；而且最重要的是：「**持之以恆。**」

經營個人品牌，最忌諱「臨時抱佛腳」。所以我們切記，平常就要多對同事好一些，不要等出狀況，再想尋求同事的溫暖；在家裡，平常就對老婆好一點，不要有事才突然灌迷湯，老婆不是笨蛋，她肯定立刻警覺的問你：「說，是想跟我要錢，還是有什麼鬼主意？幹嘛突然對我那麼好！」

任何經得起考驗的品牌，都不會是「突然成功」，別妄想靠一支創意廣告，就讓品牌站上枝頭。我們的人際關係品牌也是如此，要想受歡迎，就必須日積月累建立好關係，到後來，你就可能成為那位「非你不可」的重要人物。

Lesson 5
善施小惠，締結善緣

有句話說：「借花獻佛。」現代社會上推廣公益的文宣也說：「順手捐發票。」其實，若能掌握這個「順手」的奧妙，以及「借力使力」的真諦，我們也很容易讓自己成為受歡迎的人。

職場，是最能夠發揮借力使力的地方。通常我們的借力，來自於我們的職位。當過兵的人都知道，在部隊裡，擔任採買、伙房或者行政文書的人很受歡迎，因為他們可以借職務之便，幫點小忙，例如外出採買時幫你買最新一期的雜誌回來等等。在職場上也一樣，一個掌握職位優勢的人，也掌握了受歡迎的契機。通常在一家公司裡，擔任主管祕書的人，或在董事長室工作的人，同事們會想方設法接近你以打通好關係。而在公司與公司間，通常擔任採購業務的人，或擔任經理祕書角色的人，也很容易成為對方想討好的對象。

但成為「被討好的人」，其實並不等同於「被喜歡的人」。

有的人誤會了，以為別人對他好，是因為他本身很有魅力，更有人因而誤判形勢，自以為掌握到職位的某種影響力，而做出了逾越分寸的事。社會上許多的貪污案件就是這樣發生，猶記得某個名政治人物，一個中央政府的重要幕僚，就曾被錄音錄下他大發豪語：「某某某算什麼，大家都要聽我的，印章都在我這裡，什麼事我說了算。」最後收賄東窗事發，啷噹入獄。

然而在職場上，能夠善用職位優勢做到借花獻佛，只要在合理合法範圍內，的確是可以增進人氣的方法。

例如擔任業務的小林，因為工作關係常跑公關公司或娛樂公司，於是他就會拿到一些小紀念品、一些公關票。在公司裡，他都會將這些「戰利品」和公司報備，老闆也同意，這是他自己跑業務的附帶收穫，對方是送給他本人的，所以他自己收下沒關係，不用繳回公司。他也就善用這些贈品，和同事拉近關係，或轉送給重要客戶，好比說，聽說李董的小孩生日，他就借花獻佛，送上某某歌星的簽名CD，這可是有錢也買不到的喔！因此也拉近和李董的關係。

可以增進職位影響力的，不只是送送紀念品這種「小惠」。更重要的是影響力，來自於你的人脈。例如一個董事長祕書，也許她只是個月入兩三萬，平常打打字做做記錄、也沒太多職場經驗的小妹妹，但因為他有董事長這個「人脈」，於是她就水漲船高。

你的職位有人脈嗎？肯定有，只看你懂不懂得善用而已。同樣是業務，有的就只是就事論事，有賣有成交，沒賣再聯絡。但有的人心態卻是「四海之內皆朋友，買賣不成仁義在」。於是他朋友越來越多，也許真正和他成交生意的客戶，只占他朋友的不到十分之一，但他卻累積很多人脈，雖說大部分是點頭之交，但可別小看這「點頭之交」。在會議中，老闆問，公司現在有新產品，想要找和藝術品相關產業的老闆，別人都一臉茫然，只有你翻開厚厚的名片本，裡頭就有幾位符合老闆標準。

當在任何時刻，人家碰到事情都會想到你時，你就是個受歡迎的人。

「喂！小陳，你有沒有認識懂裝潢的人啊？」

「小陳，我要去台東出差，你在台東有沒有什麼企業界朋友啊？」

許多人因為職務關係，例如擔任記者、擔任公關人員、或者擔任南北走透透的業務代表，往往到後來，他們的商機是一般人的好幾倍，主要原因就在於懂得「借力」。一個只見過一面的朋友，也算是朋友，放入名片本，一旦有特殊狀況，一通電話，一個小小的提醒：「哈囉！我們某年某月曾見過面。」只要有生意可談，對方通常不會拒絕，然後把類似這樣的資源，在適當的時候拿出來用。

所謂的萬事通先生，也經常是某種程度上很受歡迎的人，就是因為身上有很多可借來獻佛的「花」。

另一種常見增加受歡迎度的方法，也是屬於行「小惠」的方式，就是「順便」幫同事忙。所謂「順便」，就是真的「順便」，而不是刻意，例如有人為了追女孩子，明明自己家住東區，女孩住西區，他卻硬說自己可以「順便」載她回家，這就不屬於本篇的討論範圍。

真正的順便，例如我等一下要進董事長辦公室做報告，你有文件我順便幫你送進去；或我等一下要去A公司做業務拜訪，可以順便幫你問問上次那件案子的進度如何。這些都是既做順水人情，不影響自己時間，又可讓別人對你有好感。

辦公室裡一些懂得做人的，通常做事時會喊一聲，問有沒有人需要「順便」幫忙。最常見的，中午出去吃飯，問同事有沒有要順便幫他買便當或飲料回來，一個貼心的同事，會在辦公室裡受歡迎。

但更高的境界，就是在商場上的「順便」。我有一個業務朋友姓張，他有個優點，不但待人接物總是笑笑的，並且每當拜訪客戶時，總會「順便」問一句：「有什麼事我可以順便幫你做到的？」有一回，他去拜訪老客戶李董，談完生意後，聽李董提到親戚有人生病，我那張姓朋友立刻說，「我有認識幾個台大名醫，若不介意，我可以把他們的資訊提供給您。」

就是因為經常這樣「順手施小惠」，我那張姓朋友步步高升，已經做到他所屬集團的業務副理了。

而越居高位的人，其實越容易展現施小惠的功力。

例如某個同事，家中有法律問題，正愁眉不展，老闆主動幫他介紹律師，義務諮詢。那個同事立刻感激涕零，但其實對老闆來說，那個律師是他從小打打鬧鬧一起長大的青梅竹馬，他只略施小惠，換得同事長久的愛戴。

我最欣賞的企業家之一嚴長壽先生，也曾在他的著作《總裁獅子心》裡提到，嚴總裁年輕時就懂得順手幫人，例如他還在當小弟的時候，有一次總經理祕書晚上七點半和男友有約會，但八點有個傳真要進來，她正不知如何是好，嚴長壽主動跟她說，「沒關係，妳去約會，傳真我幫妳收就好。」

就是因為從年輕時，就願意幫人家做許多「不是他份內的事」，逐漸累積他人的信任感，後來他成功晉升到總裁。

Lesson 6

向上管理要到位！

大家都知道，物理學上「作用力」與「反作用力」的關聯性，當我們施加一個力在牆壁上，在施力的同時，牆壁也會回饋給我們一個反作用力。人際關係也是一樣，當我們施力的同時，也會得到某種回饋。只是當我們給予錯誤的力，回來的可能就不是我們原本期待的力。好比說，你在家裡，拿起電吉他接上音箱用心的彈唱一首自以為很好聽的歌曲，要送給鄰居，但你得到的回饋是鄰居的抗議以及報警。在職場上，我們送出一道力，也要評估不同的力，所帶來的影響。

許多人際關係不好的人，是因為犯了一種搞不清狀況的錯。在職場上，人與人間的關係，至少有「向上管理」、「向下管理」以及「平行互動」這三種基本關係，此外，依據不同的職務性質，還有「對內管理」、「對外管理」等。適用於某種互動關係的特性，轉到另一種人際互動，有可能就不適用。

就以職場上最常聽到的名詞之一「拍馬屁」來說，這當然是個負面的名詞。但其實同樣的事，你若應用得當，可以是合宜得體的讚美，應用不當，就變成別人眼中的拍馬屁了。然而，就算是拍馬屁，如果能讓上級長官高興，那至少完成一半任務，至於同事訕笑，就無法兼顧了。但最怕的是，這個馬屁，上面沒有高興，同事又瞧不起你，那就是大大失策了。

這是一個真實的案例：

在會議場合裡，狗腿派的老吳，總是不分輕重的為老闆喝采。平常也就罷了，但某次公司剛損失一筆訂單，老闆心情不太好，在召開業務主管會議時，當老闆發表完感言，身為某產品主任的老吳，又習慣性的拍老闆馬屁，說老闆的政策「高瞻遠矚」，令人敬佩，此時老闆對大家宣布：「感謝大家今天到場與會，關於今後公司的發展方向，要請大家討論，在此先做個整體施政總結，由於吳主任似乎對公司政策非常明瞭，現在就請他站起來，先和大家介紹過往的施政方向，然後大家再討論。」

老吳支支吾吾站起來說不出半句話，老闆當場氣到發飆：「你不是說我的政策『高瞻遠矚』，怎麼現在又說不出政策是什麼？公司難道竟養出像你這樣只會拍馬屁、卻一點也不務實的人嗎？」當場老吳尷尬到想找個地洞鑽進去。

有一回，在一個演講場合，也有類似情形。

當講師做完演講，在會後餐敘時，有個朋友大聲稱讚講師「言之有物」，非常「發人深省」。這個講師，是學術界出身，可能也比較死腦筋式的，他當場就當著幾十個賓客面前問這位朋友：「請問是哪段話讓你覺得發人深省？」

還好這位朋友反應明快，他其實並沒那麼專心聽講師演講，但至少以前有看過講師的書，再加上對於這場演講有一些零星的印象，當場硬掰出一些話，說講師講到哪些理念他很喜歡等等，化解了當時的危機。

如果，當時他講不出個所以然來，那相信在場所有人都會很尷尬。

所以我們對於「向上管理」，「向下管理」和其他互動關係，絕對不可搞混。

當同事間彼此稱讚，有時大家心知肚明這只是彼此互相吹捧，無傷大雅，沒什麼關係。但在對老闆或高階主管稱讚時，有些老闆對言不及義的話可是很反感的，我就曾認識某個企業家，他因為某個部屬的胡亂讚美，心生反感，最後找個工作上的缺失把那人開除了。

而就算你可以言之有物，真心想對老闆或主管稱讚，也要懂得看場合。

最忌諱是在公開場合直接讚美老闆，表面上看來，好像這個場合人最多，你讚美老闆大家都聽得見，但實際上，一方面同事們會冷眼旁觀，覺得你是個馬屁精，對你感到不屑，如果會裡有小人，或是和你處在競爭關係的同事，更會對你反感；另一方面老闆也不喜歡聽到這類沒建設性、歌功頌德的話，他心想：「如果你以為這樣就可討好我，你也未免把我看太低了吧！」

因此不能輕易的稱讚老闆，唯一例外，就是表揚場合，也因為這種場合不多，所以非常難得，當公司表揚你時，你「一定」要把功勞歸給老闆。

那除了這樣的場合外，如何做到「向上管理」式的讚美呢？

我覺得，若要讚美，反倒是在比較私下，或者僅剩核心人物在的時候再讚美較好。

以我的朋友小陳為例，有一回他的老闆到地方分公司和全體員工演說，會後在餐廳午餐，老闆和分公司老闆以及小陳等坐一桌，此時，以聊天的形式，小陳說出他的讚美。他說：「董仔，我是真的很佩服你耶！你演講有種特殊的魅力。」說到此，小陳還故意停頓一下，抓著頭表示他正在想如何表達，然後他才說：「明明我自己就是做業務的，但為何董仔平常不是做業務的，卻可以把業務的重點講得那麼傳神？小的真是百思不解。」

一席話下來，聽得同桌的老闆和分公司經理哈哈大笑，在笑聲中，老闆對小陳的好感也大大提升。

除了向上管理，許多場合，例如和心儀的大師見面時，讚美的功力也很重要。我有個朋友，他很崇拜某位心靈大師，但這位大師脾氣也怪，很有個性，她對不喜歡的事，可以不怕得罪人的直接表示反對，有些愛慕者，本來想拍馬屁，卻碰了一鼻子灰。但我這位朋友，他為了做好讚美，真的有用心做功課，在某次聚會的場合裡，他當著這個大師的面，吟誦出她的一首心靈詩作，邊說邊讚賞，這首詩曾帶領他走出灰闇的幽谷。

這招奏效了，打動那位心靈大師的心房，他們後來就成為好朋友。

大家都想要獲得別人喜愛，大家都以為講好聽話就可以被人喜歡，但我要提醒大家，「正確的評語」、「到位的讚美」、以及「適時的發言」，才能為你贏得好感。

Lesson 7 贏得部屬心，就能駕馭業績

前面說的，大部分將重點放在「下對上的讚美」、或同輩間的讚美，重點在於讓自己在老闆或客戶前受歡迎。

但對於業務拓展來說，能夠讓部屬們對你心服口服，甘心賣命，也非常重要。本書雖不是闡述領導力的書，但一個能夠駕馭部屬，帶動組織戰力的人，一定也是個懂得如何讓自己受部屬歡迎的人。

說起當主管的學問，很多初次擔任主管者，犯了一個大忌，就是為了要和屬下可以「打成一片」，結果身段放太低了，一旦部屬犯錯了，也不敢責罵，往往變成

工作自己扛，累死自己部屬也不會感謝你，反倒拖累公司進度。

所以**要當一個受歡迎的主管，千萬不要放低身段和部屬攪和在一起。**

那麼，主管如何受歡迎呢？身為主管，永遠要督促部屬，扮演黑臉的角色，想要受歡迎，簡直是不可能的任務。

但這是錯誤的思維，作為一個主管，你要從部屬那裡得到的，不是朋友間打打鬧鬧熟稔的歡迎，而是一種尊敬佩服、發自內心的歡迎。

領導學的範圍很廣，但最基礎要做的「賞罰分明」，而怎麼賞怎麼罰，就看出「讚美」、「安慰」和「教訓」的功力。

前面曾說過，人際關係的培養，需要掌握時機。以長官和部屬的互動來說，什麼時候是最佳的讚美或安慰時機？什麼時候又是最佳的教訓時機呢？

答案是，**當對方內心最脆弱時，正是最佳安慰時機；當對方內心最亢奮時，正是最佳教訓時機；至於讚美，則是在任何時刻都要不吝讚美，搭配不同的安慰和教**

訓，來取得一個平衡的效果。

舉一個我朋友周經理提供的實際案例，周經理是一個業務團隊的Leader，旗下有十多名業務大將。他把他底下那批不同個性的牛鬼蛇神，管理得服服貼貼，到底是怎麼做到的呢？靠的就是在適當的時機，做正確的事。

好比某個月，小明的業績很差，全團隊墊底，依照一般的管理模式，經理應該把他叫來教訓一頓。但周經理作法不是這樣，他反倒走到小明的身邊，輕拍他的肩膀，無聲的打氣。小明不禁流下淚來，低聲說：「經理，我對不起您，這月表現不好。」周經理說：「小明，不要氣餒，我知道你已經盡力了，這月你家中發生一些事情，同仁們也都知道，你已經做得很好了，想想年輕的我，在你這年紀，表現還沒你好呢！你一定要加油，我們整個團隊都會支持你。」

猜猜下個月如何？小明經此激勵，果然下月業績翻了兩倍，令人刮目相看。

另一個場景是，在本月的月底表揚大會上，小王意氣風發的從周經理手中領取本月冠軍獎。周經理也在公開場合，對小王多所讚譽，但他要小王會後去他房間喝酒。

當小王與匆匆的走進周經理辦公室後，周經理只簡單勉勵他幾句，然後話鋒一轉，用很嚴肅的態度和小王說話：「小王，恭喜你簽到了十四萬的業績，是我們的第一名。但我要請你靜靜想想，如果今天是小陳在，他會怎樣簽？今天因為他去海外出差，這個案子轉給你，但請試問，你有盡最大力嗎？」

於是經過一番討論提點，小王坦誠，他急於爭取客戶，把價格報太低了，其實這個客戶本就需要這產品，原價二十萬，他是可以接受的。十四萬成交，其實對公司來講，是種損失。

經過這樣的教訓，小王學到更多，但同時，周經理並沒有在公開場合給他難看。這點讓小王很感激，之後他果然更懂得如何簽約。

「揚善於公堂，論過於私室」，這也是一個好主管應有的管理方式。

一個受歡迎的主管，不是個處處討好部屬的主管，更不是一味迎合上級而踩著部屬肩膀攀升的人。

一個受歡迎的主管，是懂得看時機的主管。

當一個案子，正在發展中，主管感到同事們努力還是不夠，他就要發揮權威，對部屬督促。

當一個案子，來到重要關頭，主管感到同事們內心徬徨，有點欲振乏力，這時候要對部屬做激勵。

當一個案子，終於完成了，但結果不盡如人意，此時再多的責備也無濟於事，主管要善於內心喊話，安慰大家，感謝大家，並要求大家，下次要成功。

當一個案子，完成並且取得重大成果，主管要給予大家適度的讚揚，讓大家覺得辛勞沒有白費，並且士氣大振。

但當全體都興高采烈時，主管也要是那個保持頭腦清醒的人，知道這只是一次戰鬥，後面還有更多戰鬥；並針對不同的同事，適當的予以教訓，予以提醒。能夠對於站在低谷的人給予鼓勵，對站在高峰的人予以建言。

當案子獲得大大成功，主管一定要將功勞歸給大家。

當案子不幸失利，主管也要一肩扛起，把失敗咎責於己，並請同仁不要灰心喪志，而繼續努力。

我所知道的，那些以為當濫好人就可以贏得歡迎的主管，最後往往因為績效不佳，失去了職位。

我所知道的，那些只會搶占部屬功勞的主管，或許初時能夠獲得升遷，但最後總因失去信譽，而狼狽下台。

只有那些有肩膀，懂得為部屬著想，也懂得和弟兄榮辱與共的主管，才能贏得長久的尊敬，成為真正受歡迎的主管。

Lesson 8
領導者要懂得認錯

中國古代是君權至上的社會，所謂「天地君親師」，皇帝做什麼都是對的，他不用去討好任何人，整個天下「本來」就是他的。

但即便是「天上地下唯我獨尊」的皇上，也不敢一味的我行我素，他們還是希望自己能「受到歡迎」。於是他們的做法是什麼呢？這也值得現代人、特別是身為老闆或中高階主管的人參考。

皇帝讓自己受歡迎的兩大方法，一是「勤政愛民」，另一個就是作秀，表現在外的包括「巡幸天下」、「泰山封禪」、「大赦天下」、「下詔罪己」等等。

勤政愛民是基本功，可惜古往今來的皇帝，能做到這點，做到讓百姓滿意的，不到三分之一。那麼為了提升自己受歡迎值，特別是碰到天災人禍的時候，皇帝為了安撫人心，只有多安排些作秀。

對於現代企業來說，一個企業家老闆或高階主管，真正要做到受歡迎的，基本功還是勤政愛民。一些名列台灣頂尖企業家名單的名人，例如郭台銘、杜書伍等，他們本身的管理風格各有不同，有的嚴厲到讓部屬聽到他來就全身發抖，有的則是治軍嚴謹，難以親近，就算是以親和力聞名的企業家，還是多少讓一般職員們，望而生威，不敢造次，更別說是做朋友。

然而這些企業家們，不會因為自己很嚴格甚或很凶，就成為一個不受歡迎的人，相反的，這些企業家們，用企業成功營運的成績單，讓自己成為不僅是全台灣、也是全世界洞見觀瞻的重要人物。他們不用特別討好別人，就已經是許多年輕人崇拜的偶像。

但那些成就大事業的，終究只是特例。一般我們身為普通企業的老闆，或中高階主管，如何透過應對進退讓自己受歡迎呢？除了本書前面所講的各種話術及應對態度外，對於主管級的人，我特別要強調「嚴以律己，寬以待人」的重要。

古時候皇上，當碰到天災人禍或重大軍事失敗時，會「下詔罪己」，儘管大家都知道他在作秀，但至少身為皇帝，他仍願意這樣做，也算有誠意。

現代主管們也需經常「下詔罪己」，但不能是作秀，否則日久見人心，一旦部屬發現你總是言行不一，那你還是會被打回「不受歡迎」的原形。

以我本身來說，我和部屬私底下都是好朋友，很好相處，我也擁有很多學生、粉絲，以及得到社會上一定的認可。

但在工作上，一旦「就事論事」，我絕對是一絲不苟，要求嚴格。

所謂很嚴格，當事情進行中，我會嚴格要求做事要達到一定的標準，給客戶的產品，一定要做到百分百用心。再怎麼熟的朋友，再怎樣得我信任的部屬，若在工作流程或工作態度上，有哪一點不到位，我絕對會不假辭色，當面糾正。

然而，世事無絕對，就算走在平坦的馬路上，也可能不小心腳步踏差跌倒。一旦發生狀況，我的原則絕對是：「嚴以律己，寬以待人。」

當大家都很努力了，最後結果卻仍是失望的，此時責怪同事，是沒有什麼意義的，出現這樣的時刻，我都會告訴大家，是我領導無方，是我判斷不夠精準，是我沒有把整個案子控管好。無論如何，美好的戰役已經打過了，大家都辛苦了，也盡力了，回去休息一下，給自己一個讚許，等待明天，我們再接再厲。

請各位記住：

成功的人很容易原諒別人，不容易原諒自己；

失敗的人很容易原諒自己，不容易原諒別人。

這兩句也可以改成：

受歡迎的人很容易原諒別人，不容易原諒自己；

不受歡迎人很容易原諒自己，不容易原諒別人。

我們都曾在電視上看到那種令人討厭的主管嘴臉。事實上，一般年輕人在尚未入社會前，對所謂主管的形象，就因此經常受到電視刻畫的角色影響，覺得主管總是壞人。

主管在扮演怎樣的壞人呢？

當大家忙得昏頭轉向時，主管只會自顧自的打電話，和上級報告「自己」正努力中；一旦部屬們熬夜趕工把事情順利完成，主管除了虛應故事的稱讚一下外，其他的時間都用在和公司呈報自己的功勞。

相反的，當公司營運還是碰到狀況，案子沒拿到、或者被客戶指責，這時，壞蛋主管們第一件事就是找承辦人來罵，要他們扛下失敗的責任。

所以一個主管的形象，總是不受歡迎的。

因此我常和自己的部屬告誡，或在對主管級學員演講時告訴他們：

今天你做的每一件事，不只影響當下，更影響未來。當你在發生狀況的當下，只想卸責，那麼你得到的不會只是當下的「無責」，而是全體員工對你的不齒，如果此後員工都不想盡心盡力為你做事，那你不就變成得到當下，卻失去未來嗎？

相反的，在發生狀況後，你勇敢的把責任全攬在身上，好的老闆不會因此責怪你，因為他知道這是非戰之罪，而同時間你的部屬都對你感到尊敬，那種效果是持續長遠的。所謂成為一個受歡迎的主管，就是表現在這樣的地方，而不是表現在下班後經常請同事喝酒這種小惠上。若你本身就是老闆，那麼當你願意放下身段「下詔罪己」、率先認錯，也會贏得公司員工的向心力。

有句成語「寒蟬效應」正適用於此，一個只懂一味指責，卻不肯認錯的主管，以後人家就不敢幫你做事。

面對有功無賞、有過必罰的主管，大家逃得遠遠都來不及了，你如何會受到愛戴？

Lesson 9
只有「受歡迎」和「不受歡迎」，沒有中間值

人際關係很重要，並且沒有什麼模糊地帶。

有沒有注意到，在商品市場上，有很受歡迎的品牌，然後是一大堆「普通」品牌。但它很少呈平均分布，例如A商品業績10分、B商品業績9分……一路排到K商品1分等等，這個世界的排名，往往是A商品10分、B商品10分，然後C商品3分、D商品1分……。業界有句話，只有第一名，沒有第二名，這句話有些極端，但放寬標準來看，即使有前五名，第六名和最後一名其實都是一樣的。這話聽來殘酷，但卻是社會的現實。

人際關係學也是如此。成功的人，和失敗的人，有兩句相對應的成語：一個是「左右逢源」，相對的就是「處處碰壁」。

這個社會真的是很現實，**正向和反向，都是走極端的**。一個處處碰壁的人，經常會碰上「屋漏偏逢連夜雨」，就好像水往低處流，當你處在人際關係的低點，什麼倒楣事全都會流向你，不會張三幫你分一點，李四幫你分一點。

這也告訴我們，人際關係的養成是絕對的，不能說今天會一些就好，下次再來補強。只做一半的人際關係，等於沒做。就好像你對著一個人微笑，不是真心誠意，只是虛應故事假笑，那效果跟不笑是差不多的。

希望讀者用心體會，因為人際關係將左右你的一生。即便有人繼承龐大財富，一生不愁吃穿，但缺乏好的人際關係，變成一個不受歡迎的人，那麼他再怎麼有錢也不快樂。

我看過太多的例子，許多人在職場上不如意，不是因為工作能力差，而是被排擠，為何那麼多同事，不排擠別人，卻只排擠你呢？答案就是你沒讓自己成為「受歡迎的人」。

同樣的道理，適用在職場、情場和人生各種人際圈裡。我看過各式各樣的人，決定生活是不是快樂的因素，財富其次、權位其次，真正居首的還是人際。

任何人都可以讓自己成為一個受歡迎的人，甚至就連小孩子也知道如何讓自己受歡迎，反倒當人們長大後，忘了自己本來討人喜歡的「本能」了。

讓自己受歡迎，有兩大迷思，這也是讓許多人「不屑」學人際學的主因。這兩大迷思就是，要「外表好看的人」才受歡迎，以及「要口才好的人」才受歡迎。

其實這兩大迷思，很容易就可打破，因為周遭多的是反面例證。你看一些成功的社會人士、被奉為典範、去哪都受歡迎的名人，他們全部都是帥哥美女嗎？恐怕不是吧！

也許有人反駁，不一定要俊男美女才受歡迎，但至少天生麗質的人有較高優勢，不用學什麼人際關係，就天生受人喜歡，很多帥哥美女們，靠一張臉就可以享盡榮華富貴。

實際上我所知道的真相，絕對不是如此，如果有哪個所謂俊男美女，敢不愛惜羽毛，表現出驕傲不親和的樣子，在媒體發達的現代，一點點負面新聞，就可以讓一個人狼狽不堪，再美麗英俊，也三兩下就被粉絲棄如敝屣。事實上，真正在舞台上光鮮亮麗的人，反而要比一般人更下工夫做好人際關係，所有交際應酬，都比常人要做得辛苦。

畢竟，品牌的經營不易，奮鬥十年才有個好名聲，但一夕緋聞，就可以讓個人品牌身敗名裂。

當然，好的外表也一定會幫你加分，讓你更受歡迎。但有句話說：「天下沒有醜女人，只有懶女人。」每個人都可以讓外表更加吸引人，或透過外表形塑好的形象。五官長得不佳的人也可以擔當執政大位，甚至也有醜男成為大明星。

再者，另一個迷思，以為口才決定一切，那些天生比較木訥，言語比較不那麼犀利的，是不是就完蛋了，人生註定與勝利組無緣？

事實上，我們看看身邊周遭，我自己就認識好幾個頂級業務員，他們年收入都是千萬計的，但他們都是「口才高手」嗎？不盡然。的確有幾個朋友，具備「把死的說成活的」那種三寸不爛之舌，但我更多的朋友，是平日寡言，至少不是舌粲蓮花型的說話高手，甚至也有身障的朋友，他們講話沒辦法很流利，但同樣在他所處的產業受歡迎，成就事業。

在此強調，成為受歡迎的人，**誠心比口才重要，體貼比展演重要**。

而所有受歡迎的人士，不論你的本質是什麼，一定要始終如一。知名企業家如張忠謀、戴勝益、許文龍等，他們受歡迎的特質，十年前和十年後都是一樣的。忠於本性，用自己的一套忠實呈現他們的人生。而所有那些受歡迎的人物，也一定做到與人交往不驕傲、和人互動重承諾等特質。

要讓自己成為受歡迎的人，不能「明天再說」，也別以為，受歡迎這件事輪不到我。從今天起讓自己受歡迎，只要保持你的優點，十年後也還是個受歡迎的人。

就從此刻起，先學習和你的同事互動，看你受不受歡迎吧！

CHAPTER 5

無往不利的業務行銷力

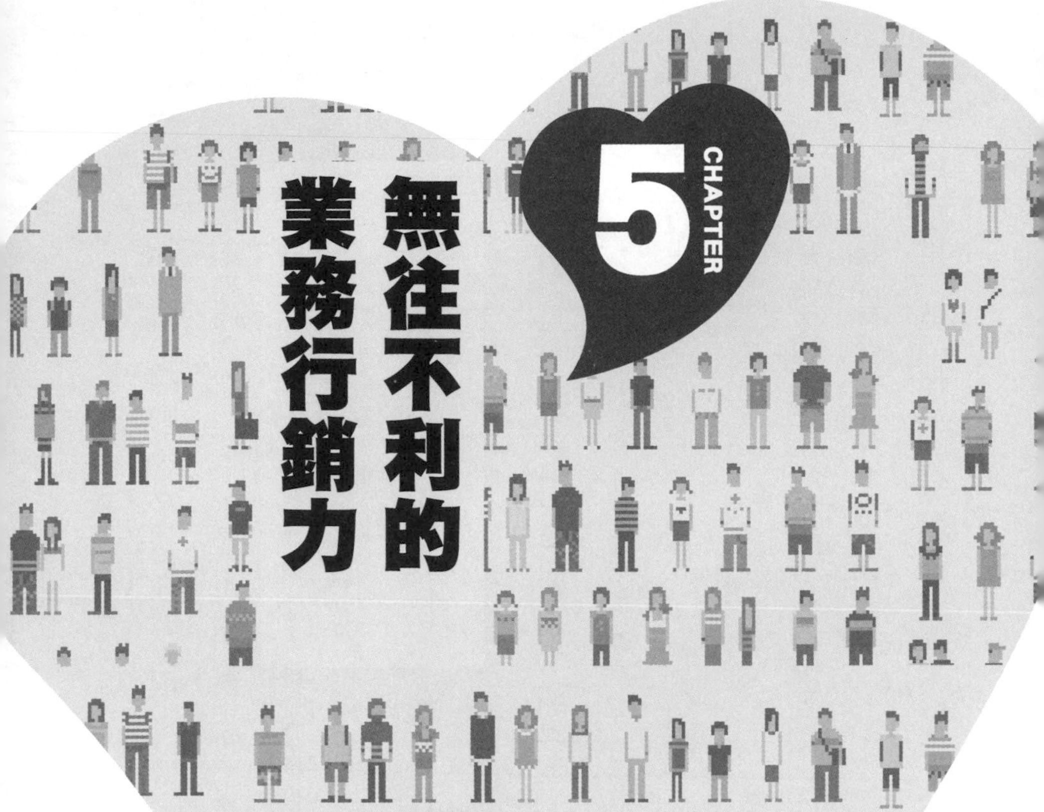

你在賣東西嗎？人人都在賣東西。

或許你會說，「不，我是內勤人員，我不賣東西。」或者，「我是專業技術人員，我不賣東西。」但其實我們每個人都是業務員，每天都在推銷東西給另一個人。

不一定要把商品推銷給消費者才叫業務。上班族把辦事能力推銷給老闆，換取薪水；公僕把服務熱忱推銷給民眾，換取人民選票；歌手藝人把才藝推銷給觀眾，換取粉絲支持；就連情人間也積極推銷自己的愛情，換取對方愛的回報。

只要是業務，就一定要博得對方的喜歡。

你會將選票投給不喜歡的政黨嗎？你會去那家你覺得「老闆看起來很討厭」的店買東西嗎？不會吧。同樣的，你的對象為何要買你的東西，關鍵只有一個，那就是他必須喜歡「你」。

是的，請記住，我說的是他必須喜歡「你」，而不是說喜歡你「賣的產品」。

買賣有幾種情況：

第一種：你賣的東西客戶喜歡，但你不是客戶喜歡的人。

結果↓客戶可以跟其他人買同樣的東西。

第二種：你賣的東西客戶不喜歡，客戶對你也沒特別喜歡。

結果↓客戶完全不買單。

第三種：你賣的東西客戶不喜歡，但客戶很喜歡你。

結果↓客戶可能這次不買東西，但下次購買你其他的商品。

第四種：你賣的東西客戶喜歡，並且客戶也喜歡你。

結果↓皆大歡喜，客戶和你買東西。

以上四種情況，雖是買賣的狀況，但可別以為四種情況各占四分之一喔！並不是的。事實上，大部分時候，一開始客戶會是處於「不喜歡」的狀況，這也是人之常情，對於自己陌生的、新的事物，也許內心有好奇，但在購買的心態上一定是採取較保守的狀況。所以這世界上才有「行銷」這個名詞，其目的就是為了要讓客戶由「不喜歡」變成「喜歡」。

在此，就可以看出當一個人受人歡迎是多麼重要。

就算客戶可能喜歡產品，但若不喜歡你也不會成交；但若客戶喜歡你，那不論客戶喜不喜歡產品，都有很高的成交機率。

當客戶原本不喜歡產品，你可以用溝通的方式，讓他更了解產品，然後由不喜歡變喜歡；又或者客戶仍不喜歡產品，但你可以和他建立友誼，以後仍可賣其他產品給他。

而若客戶本來就對這商品有需求，加上你是對方覺得好相處、留下好印象的人，那銷售就更加沒問題。

在此，請讀者可以將以上話語中的「商品」，轉換成其他名詞，包括「工作能力」、「愛情」等，一樣都適用。

所以如何將「受人歡迎」的特質，應用到人際互動上，是人人都必須要知道的人生顯學。

Lesson 1

讓我站在你這邊

我從事產品銷售有十幾、二十年歷史了。

大家想像我做銷售的畫面是什麼呢？是手上拿著產品型錄，熱忱認真的向消費者解說產品功能（就像每次逛商展，會有年輕的業務員，把你拉到攤位去做解說，想賣給你百科全書、英語學習課程……那樣）；還是站在會議室前，用雷射筆邊指著PPT，西裝筆挺的和台下客戶作簡報（就像電視裡也常看到的那種台下高官雲集的場合）？

其實，雖然以上場景都會出現，但卻不是出現頻率最高的。真正出現頻率最高

的畫面是什麼呢？

最常見的畫面不是我在向客戶介紹什麼，正好相反，而是客戶在向我傾吐些什麼。

這是作為業務學的第一課，也是最重要的一課。

一個受歡迎的業務，要先懂得傾聽，接著才是銷售。

我的客戶各式各樣，依產品別有很大不同。在過往我銷售兒童讀物時，最大的客戶群是家庭主婦，而以下是我常遇到的狀況：

我去拜訪一個家庭主婦，當在客廳坐下後，我的隨身樣品皮箱都還沒打開，但是我做的第一件事，不是介紹產品，而是問候對方的家庭狀況。

依據我的經驗，所謂「家家有本難唸的經」，幾乎沒有一個家庭主婦是快樂的。當她們覺得我是個願意聽她們講話的對象時，一開始還會客套幾句，接著毫無例外，就一個個開始向我抱怨她的家庭狀況。

與其說我是兒童讀物推銷員，不如說我是家庭主婦輔導師，一家又一家的，我聽她們吐苦水。有的批評老公對這個家不負責，有的抗議婆婆對她不公平，而不論是罵老公或者指責婆婆，我的任務，就是在一旁，融入她的情境，聽她訴苦，陪她哀聲嘆氣，一小時、兩小時這樣的聽。

結果幾乎大部分「談話」結束的時候，對方都會買我的產品。

我的兒童讀物有多麼優良？老實說，她們沒那麼在意，她們知道我的產品不會有問題，否則法律不會允許我銷售。反正只要是讀物，對孩子有幫助就好，細節也不用了解那麼多。

就這樣，在客戶不是很了解我商品的情況下，我還是靠著「傾聽」，把商品一個個賣出去。

有時候笑著跟我朋友說，這是種「同仇敵愾」銷售法。我和客戶站在同一立場罵老公，幫她發洩心情，我的商品賣出去了，她的氣也消了，標準的雙贏。

有的人不以為然，認為這不是正統的銷售法。但其實我要正色的說，這才是真正的銷售。我不是指一定要陪著家庭主婦罵老公，這只是特例，而是指你永遠要「**站在客戶那一邊**」。

請記得，客戶最討厭三種賣方。

第一種，把自己當老師（相對地把客戶當什麼都不懂的白癡）的賣方。

第二種，把自己當比較高尚的人（對比客戶的比較落伍）的賣方。

第三種，把自己當旁觀者（客戶使用後效果怎樣跟我無關，我只負責賣）的賣方。

在產業界，一個好的業務員都知道，要賣機器給工廠，就不要怕弄髒衣服，你越能夠髒兮兮的躺在工廠裡安裝解說機器，越可能把機器賣給對方；想賣醫療保健品給病人，也不要只穿著整潔西裝，手握一堆數據和家屬推銷，當家屬看到你連病人都不敢靠近，那他們也不想和你做交易。

一個受歡迎的人，絕對願意放下身段。

正確的思維是：我不是屬於賣方，為了賣東西給你而來這裡；我是屬於你這邊，要用好東西改善你的生活。

而客戶會喜歡「比他們自己還關心自己」的人。

當你和客戶講話時，一開頭就用「對方語言」講話，一定可以吸引對方注意，所以事先做功課非常重要。

例如要銷售一套軟體給某家公司，我去拜訪老闆時，可能一開頭就朗朗上口的說出：「公司上個月的營業額跌了百分之十，最近許多客戶，被甲公司搶走了，令人感到憂心。」

話說到這裡，請注意，接著你不能再說了，再說就變成當老師，讓人反感。

在你成功讓客戶感覺到你願意「站在他們這一邊」，並且你也真的不把自己當局外人，用心去了解他們後，接著，請將說話權完全移交給客戶。

對方老闆可能就開始跟你抱怨，現在生意難做啦！碰到什麼研發困境啦！客戶的喜好反覆無常啦！……等等。

我們此時只要專心聽，讓客戶自己陳述就好。

最後，老闆還是會問：「對了，你今天來是要介紹什麼軟體是吧？」

這時候，你只要順勢引導：「就如同老闆剛剛說的……」

接下來生意就很容易談成。

還有一種情境。

客戶和你抱怨：「最近一批貨，看起來色調怪怪的，影響我們商品賣相。」

你一邊和客戶道歉，一邊在客戶面前打電話回公司，劈頭就痛罵：「陳經理啊，你在搞什麼啊！這次的貨怎麼回事？你讓客戶說我們『商品賣相不好』，這像話嗎？」

客戶看你站在他們那邊，替他們出頭罵自己公司，本來一肚子氣，可能氣也消了，甚至還回過頭來「安慰」你：「沒關係啦，下次改善就好。」

其實你只是和陳經理在演一齣戲，但演戲歸演戲，讓客戶高興就好。當你讓客戶覺得你站在他那邊，你的業務一定無往不利。

Lesson 2
讚美、讚美再讚美

有句話說：「千穿萬穿，馬屁不穿。」

清．程畹《潛庵漫筆》有這麼一個故事：世俗謂媚人為頂高帽子。嘗有門生兩人，初於外任，同謁教師者。老師謂：「今世直道不行，逢人送頂高帽子，斯可矣！」其一人曰：「老師之言不謬，今之世不喜高帽如老師者，有幾人哉？」老師大喜。既出，顧同謁者曰：「高帽已送去一頂矣！」

如同文中，老師在不知不覺中已經被戴了一頂高帽，內心「大喜」。一個善於讚美的人，在日常生活中，處處都可以把握住讚美的機會，讓對方大喜。一個總是讓客戶「大喜」的人，還怕業績不好嗎？

有朋友對我說：「現代人都很聰明的，你講話一味讚美別人，對方只會覺得你是個浮誇不切實際的人吧！」

這裡要和讀者分享，所謂讚美，當然要言之有物。如何言之有物，這就要靠經驗累積了。僅就初階的讚美來說，就是「表面」讚美，望文生義，就是依照一個人的外表做讚美，例如：「妳今天這件衣服很漂亮」、「你看起來好年輕」、「你氣色很好」等等，這些話就算對方知道你在客套，聽在心裡仍很受用，畢竟，人人都喜歡被讚美。

但「表面」讚美，也要拿捏分寸，特別是對方若是女性，你又和對方沒那麼熟，若稱讚對方「身材很好」，或在對方家人面前說她「很漂亮」，就有點不得體了。最好的稱讚，還是要針對對方的穿著打扮及成就等，比較不會有爭議。

而進階的稱讚，就需要靠多練習。一個好的進階稱讚，絕對比客套話似的稱讚對方外表，更讓對方內心受用。

舉個例吧，這是我和兒子的真實互動實錄。

有一次在幫我兒子溫習功課，和他對話時，想到一個歷史題目，就順口問我兒子：「你知道，在歷史上這個時代發生了一個什麼戰爭？」老實說，我心裡沒有指望我兒子答得出來，因為這個問題比較深，學校課本也沒教到。沒想到我兒子竟然答出來了，令我喜出望外，不禁稱讚他：「兒子啊，你真的好聰明喔！」沒想到我兒子接下來的反應更讓我驚訝，當時簡直感動到快哭了。他竟回答我：「也不看看誰是我爸爸！」

這是一種標準的「回饋式讚美」，是一種需要經驗累積的進階讚美。也就是說，當別人在讚美時，你反倒順著他的話，回過頭來讚美他。

類似上面舉的例子，當在公司裡，你因為本月業績獲得冠軍接受表揚時，一定不要忘記運用這機會討好長官，其方式就是透過「回饋式讚美」。當老闆公開表揚稱讚你的能力很強時，你一定要順勢回答：「那是因為有陳老闆當我的師父啊！所謂名師出高徒，我真的受教於老闆很多。」

這時老闆心裡絕對很受用，一定內心「大喜」。

經常有機會參與各種表揚場合，看到很多受獎者在得意洋洋的時候，卻錯失了可以「讚美別人」的機會。要知道同樣的話，你在平常時候講，效果不大，只有在頒獎場合，透過這種「借力使力」的方式，才能產生最大的讚美效益。

時常，我看著被頒獎人講話，內心裡都想幫他講出這句話：「我今天能有這樣成就，真的要感謝我的教練，沒有他就沒有現在的我。」若受獎人沒講出這句話，我還真的在一旁替他扼腕。

像「回饋式讚美」這類的讚美，還有其他類型。我的習慣是，當別人送給我一記「讚美球」，我當下絕不會只是接球，一定會立刻將讚美球拋回去。

例如當我演講完，幾個賓客走上前來讚美我。

賓客甲：「黃老師，你今天演講真是太精采了，讓我收穫良多。」

我就說：「都要感謝你們，當我看到你們專注的眼神，以及熱情的掌聲，我的心都沸騰起來，覺得充滿活力。」

包括回饋式讚美，以及上述這樣的反過來讚美「讚美你的人」，都是一種 Feedback（回饋）。人們都喜歡 Feedback，試想，當你讚美一個人，若對方只是笑笑點個頭，你是不是內心感到有點空空的？但對方若有適當的 Feedback，你會感到內心很溫暖。從此，你也會更喜歡這個人。

而不論是 Feedback 式讚美，或者面對面直接的讚美，還有一個重點，這也是需要練習的。例如前面舉例的《潛庵漫筆》，是不著痕跡的讚美他人。在生活中，我們也要善用各種方式，表達讚美，當你越能用不落俗套的方式讚美一個人，別人對你印象越好。

例如，當大家都在稱讚張小姐好漂亮，說來說去，也都是那幾個形容詞，張小姐邊聽也只能邊乾笑，說聲謝謝。這時小李遠遠走來，一進門來就說：「剛剛我在樓下開車準備進公司時有點納悶，為何前面的車子車速都變慢了，原來是路旁有美女經過，當時只看到衣服，沒看清美女的臉龐，現在一進來才確認，那個美女就是張小姐啊！」

聽到這樣的稱讚，張小姐當然心花怒放，比那些沒創意的「你好漂亮」受用多了。

還有一種讚美也很高明，那就是「透過別人的讚美」。

「李先生，你很不錯喔！老闆老是在我面前這樣誇你。」

「我聽剛剛那個送快遞的小弟說，這家公司那位簽收的小姐好美。」

「你的文章真棒耶！連我們理事長看了都大大讚賞。」

信不信，當你聽到這樣「轉一手」的稱讚，心情會更愉快，因為若我說我讚美你，你心裡多少會想：「這只不過是客套。」但如果是一個沒在你眼前的人稱讚你，那感覺就不同了，絕對讓你感到「大喜」。

一個總是讓碰到的人「大喜」的人，肯定很受歡迎。

Lesson 3

稱讚要別開生面，做足功課再上！

做生意，一定會碰到競爭。當對方是大客戶時，所有競爭者也都一定知道，會適時地討好對方，無論是送禮、請吃飯、透過種種機會表達善意，無所不用其極。至於公開稱讚，那更是少不了的。

當人人都在稱讚時，你若和別人講一樣的話，那就無法被區隔出來，業務力道就相形薄弱了。

要想在眾多競爭者中脫穎而出，你的讚美一定既要創意，又要符合需求。

如何做到這點呢？首先，若這個客戶真的很重要，你一定要做足功課。

你的稱讚可以出奇致勝。

第一種方式：你的讚美要比別人更深入。

別家公司：「趙董啊，你的經營策略真是年輕人的典範啊！佩服佩服！」

你：「趙董，您的眼光真是高瞻遠矚。去年五月您就有先見之明，看準半導體發展趨勢，策略併購了D公司，並且透過產業鏈縱向結合，在半導體紅海市場中，硬是另闢蹊徑，推出新觀念的產品，開拓出新的藍海。果然，如今您獲得滿堂彩。趙董，您真是企業家楷模啊！」

這時候，相信即便已經聽了太多讚美的趙董，也不免對你刮目相看，因為你的讚美，相對於其他人的泛泛之讚，你的發言有內容許多。

第二種方式：你的讚美要從其他角度切入。

這是一個真實案例，我的一個業務朋友，如同其他競爭者般，去拜訪那位趙董。在一個酒席上，我那位朋友，用很真誠的態度請教：「請問趙董，您的這件西裝外套是在哪買的？」趙董不知道這位業務為何這樣問，就誠實告知：「其實我的西裝都是訂做的，不是去哪買的。」我那位朋友回答：「原來如此，我只是看趙董不論做什麼事，都眼光獨到，看到那麼合身的西裝，忍不住向您請教，希望沒有太打擾您。」

幾個月後，趙董有批訂單要下，特助問他有沒有中意要找哪家廠商，趙董其實也忘記有哪些廠商，但他就是清楚記得有一個年輕人曾問他「合身西裝」的事，當其他曾拍他馬屁的人都沒讓他留下印象，我那位朋友就靠特殊的稱讚方式，贏得那次的訂單，之後也因此取得長期的合作。

在日常生活中，我們如果要引起對方注意，以業務推廣來說，客戶只要願意對你特別注意，就等於你的銷售之路已經贏在起跑點了。

當然，這裡也要強調，我們的讚美雖要與眾不同，但也切記不要「標新立異」，因為讚美和無禮，有時只有一線之隔。有智慧的讚美、和無知的讚美，同樣只在一線間。

有回業務員小張去參加A公司的餐會，在會中和總經理敬酒，喜愛舞文弄墨的這位總經理在酒興大發之際，吟誦了一首宋詞，大家都高聲叫好。此時小張為了討好他，站起來大聲說：「久聞陳總經理生意頭腦好，文章底子也不錯，剛聽總經理吟誦這首作品，果然功力深厚，都可以媲美方文山的歌詞了。」此時，總經理因為喝多了，原本對於小張這種無知的錯誤可以一笑置之，但當天已喝多的他，直接吐槽小張：「喂！小張啊，我說你也讀點書好不好？這是南宋蘇軾的詞，什麼我的作品？什麼媲美方文山？」

這個臉丟大了。雖然之後見面大家都假裝忘記這件事，但大家心裡其實已經留下一個印象：小張＝無知。因為小張代表B公司，所以B公司也等於無知，不只此後都拿不到A公司訂單，連其他公司也拿不到了。

一次錯誤的讚美，讓小張害了自己，也害慘了他的公司。

所以，若對一件事一知半解，或對事情狀況不明白，那與其說錯讚美，還不如保守點，用傳統式的讚美。

例如你遇見一位教授，本想稱讚他的學生得到文學獎，但其實你又不是百分百確定那是不是他學生，那此時就不要冒這個險。

在商場上，有關客戶的生意訊息、發展進度，若你確實掌握狀況，可以作為讚美素材的，能拿出來用自是最好，但，只要不是那麼確定的，就寧可「小心駛得萬年船」，不要因為錯誤發言，為公司形象帶來難以彌補的傷害。

在傳統觀念裡，碰到不同性別的對象時，讚美可以不同，例如對女性，多讚揚她的服裝品味，讚揚她的氣質風采；對男性則強調事業成就，以及經營典範。但，這已是傳統觀念，如今，女性在職場上已闖出一片天，特別是在商場上，若遇到女性，還是僅以外貌作為切入主題，有些女性企業家內心會感到不以為然，也可能會因此覺得讚美者很膚淺。

而不論對方性別、或者職業為何，有兩種讚美對象，也是很受歡迎的。

第一是讚美對方的家人。

第二是讚美對方的品味。

曾經有一次，幾個業務朋友陪一位企業家大老去打高爾夫球，沿路上大家都稱讚這位大老，這位企業家當天心情不那麼好，也懶得回應這些老套的對話，所以沒什麼回應，場面有些尷尬。但有一個精明的業務，事先有做些功課，知道大老的公子剛考上台大，他立刻從這個角度切入，大讚這位大老，不只事業成功，也教子有方。果然，他觸動了這位大老的最愛，接著整天大老就心情大好，暢談兒子的事，那位精明的業務之後也順利取得大老的訂單。

至於稱讚品味，若能事先做足功課，那麼你稱讚一個人的表現，絕對會比稱讚一個人的外表，更讓對方高興。

曾經一群人去到陳總裁辦公室參觀，大家都做了些「沒營養」的讚美，只有小張慧眼獨具，稱讚陳總裁桌上那個硯台：「真的是名品啊！」果然陳總裁龍心大悅，心想總算有識貨的人來了。

誰因此最受歡迎，就不言而喻了。

Lesson 4

成交的關鍵，「心機」比「時機」更重要

做人需不需要講心機？當然需要。或許因為文學作品或某些清宮電視劇的影響，我們習慣把「心機」當成是個負面用語，什麼「機關用盡」、「白費心機」等，都是諷刺的話語。

但這裡我要說，人與人交流，一定要用「心機」，但我們是將心機運用在好的地方。當我們說一個人「心機重」，代表他「城府很深」，但若是人與人交往「心無城府」，是很難建立人際關係的，因為那代表你根本就「不用心」。

好比說，好友生日到了，你表面上若無其事，其實私下正與朋友策畫一場生日

驚喜Party，這樣算不算「心機」？當然算。在病房裡，醫師說這病人情況可能不樂觀，為了不讓病人失去求生意志，家屬選擇暫時不把實情告訴他，這樣算不算「心機」？它也是吧。

我所認識的一些卓越成功人士，他們都很善用「心機」。

我的百萬業務老友，他成為業務高手的祕訣之一，就是善於記住對方的一些小事，心底留一分「心機」。好比說甲客戶的兒子正在找百貨業相關的工作，他留一分心，在適當的時機，告訴甲客戶他有朋友在百貨業當主管，可以引薦；或者乙客戶談話間不經意提到過，兩個月後他和老伴結婚二十周年，我朋友起初不露聲色，到乙客戶結婚紀念日的前一天，他突然送給客戶大禮，恭賀他家庭幸福。可想而知，客戶們都很喜歡我朋友，還主動介紹新客戶給他。就是這樣的有「心機」，造就了他的百萬業績，同時擁有許多朋友，非常受人歡迎。

人與人之間的互動，不論是同事情誼、客戶關係，或者是夫妻感情，總是要時時留著一分心。

這分心若和時機結合，就更加無往不利。

例如甲和乙互動，乙因細故和甲吵架，若是一般情況，可能甲和乙就鬧翻了，留下嫌隙，甚至將來成為敵人。但甲是個「用心」的人，他之前已聽聞乙和老婆冷戰超過一週，甚至離婚傳聞甚囂塵上，也注意到乙工作情緒不穩。在乙找他吵架的當下，他選擇寬容，並善意的問他，需不需要幫忙多分擔一些工作，讓乙可以更專心處理家務。

又過了一星期，乙的家務事總算有些正面的發展，乙也心境平和了。這時候「時機」到了，甲再來和乙互動，乙記起他曾對甲不禮貌，但甲卻大人大量不多計較，他於是感懷在心，從此對甲更加尊敬，他們之間的合作也更形密切。

因為守著一分心機，就可以察覺「時機對不對」，而做出正確的反應。

我經常拜訪客戶，也非常善於察言觀色。有時和客戶聊新的產品，在講的過程中，發現對方只是禮貌性的聽我講，但完全沒發問，大部分時候，他都在講自己的事。

這時我就知道，「時機不對，多說無益」，我絕不會死纏濫打的用盡行銷手段要把東西賣出去，而是選擇暫把事情擱在一邊；我把我的心思，全部用在聽對方講話，既然已抱定「今天我不是來賣你東西」的心態，而是反過來聽對方的需求，於是更能專心融入和客戶交談的境界，客戶也一定感受得到我的用心。

經常的情況是，雖然「今天」我沒做成生意，但「改天」就做成了。

在時機未到的時候，要培養感情；等時機到了，生意就自然會來。

所謂：「買賣不成仁義在」，這句話大家耳熟能詳，可惜大多數人都只把這句話當做自我安慰的用語。實際上，懂人際關係學的人都知道，買賣沒有永遠不成的道理，只要時機到，當初的「仁義」就派上用場了。

時機真的很重要，經常有一種人被說是「白目」，這種人最大的問題，就是說話不會看時機，不看場合，或者不會看人。

所謂「天時、地利、人和」，談生意，「天時」很重要，例如媒體剛發出SARS警報，此時你去拜訪客戶談口罩銷售就很適合；重大災難發生，人們餘悸猶存，此時若和客戶聊意外險，也會得到較多關注。相反的，在食安風暴正烈時，你去談飲料加盟；在對方家有喪事時，你去談度假方案，都是天時不對。

當和客戶在某家公司初次見面，對方對你的產品有興趣，你也不要因此喜形於色，想打蛇隨棍上，急著推廣商品。你要體諒對方還在上班，談事情不方便，此時該和他相約下班後吃飯，屆時再聊商品。

彼時不能談，因為「地利」不對。這是他的辦公室，不是他的私人場域。

有一次當我去拜訪客戶時，不巧碰上對方夫妻正在吵架，即便客戶已和你約好見面，不得不談生意，你也要懂得「視時務者為俊傑」。在談話時只輕輕帶過商品，在安撫客戶「家和萬事興」後，另約時間再談。

彼時不能談，因為「人和」不對。就算你談，對方也沒有心思聽。

一個受歡迎的人，就是講話總能得體，不會讓人見了就討厭，即便作為「最被反感職業第一名」的推銷員，也可以做到讓人心甘情願捧場支持。

其受歡迎的重點，就是講話懂得分辨「天時、地利、人和」，綜合來說，就是懂得「看時機」。

唯有多用一分心的人，才能抓準時機，任何時候應對進退都得體。

下回和人談話，不論是想推銷商品，還是想和老闆要求加薪，甚至想和女孩約會，道理都是一樣的。

先不要把心思放在自己想如何如何，而是多花一分心機在評估整體時勢，再做下一步判斷。善用心機，讓你處處有生機。

Lesson 5
談話的刨冰哲學

親愛的讀者，試著想想，你的人生到今天為止的任何重大轉變，是不是曾來自於「一場談話」呢？

你現在在企業擔任部門主管，人生得意。但這樣的發展，是否曾來自於你當初一場「成功的面談」？

你家有嬌妻，養育兩個可愛的孩子。這個幸福的家庭，回溯故事的開端，通常也是因為你和一個原本陌生的女孩，一次「締結終身的交流」？

為何當初某些「關鍵時刻」的成功模式，不能普遍適用在所有場合呢？因為大部分的時候，人們不夠用心。如果人人把每次見面都當作是「尋找重要工作的面試」、或者影響一輩子的告白，那或許，人與人間的關係會更加美好。

當然，這裡不是要你時時都這麼超級用心，因為這會帶來一個反效果，那就是人人會變得太過「慎重」、太過「緊張」，反而影響人與人的溝通。

但這裡要強調的是：

第一，談話非常重要（這裡也包括手語交談），要有溝通，才會有新的發展。一些人際關係差的人，也就是不常溝通的人，人生發展就會有侷限。

第二、談話要「用心」。這在前面講過很多，但我還是要再強調一次，因為「心不在焉」、「言不由衷」的談話，對方一定感受得到。

第三，談話一定要「包裝」。請注意，包裝不代表虛假，包裝只是因應不同的對象，所做的「貼心」回應。

想像你是刨冰店老闆，你的刨冰很受讚譽。但每個人客人要點的東西不同，你會視情況添加不同的料，但端出來的，依然是一盤盤外表純白、內裡用料飽實的冰品。

人與人間的交談，也是如此。

當我們講話時，心裡一定要有個底，但不要把自己綁死。就好像刨冰一樣，我們有乾淨衛生的清涼冰，搭配獨家甜汁，然而到此就好，下一步要配合客人需求調整。

我曾經見證過幾次失敗的簡報，身為評審，我看到太多的廠商過於緊張，他們的簡報，內容是百分百，看起來是什麼都顧到了，但缺點就是完全不留空間給客戶。就好像是端一盤冰給客戶，都已經幫客戶設定好是四果冰，一旦客戶不要四果冰，就整盤浪費。我看到的情況是，不管廠商的簡報多麼認真，只要客戶一個問題，改變了簡報的規則，對方整個團隊就愣在那裡，或者變得胡言亂語亂做承諾，把簡報變得一團糟，結果當然是鎩羽而歸。

因此在談話時，腦袋裡要有基本的藍圖，但不要是綁住自己的約定。當然，這裡指的是「有目的」的談話，包含談生意、追求愛情、談工作計畫等，而不是指朋友間的聊天。

當面對不同對象，要有一套應變的方案。

所謂「見人說人話，見鬼說鬼話」，我特別強調，不是要你講話不真誠，而是要懂得隨機應變，但變化的同時，內心的承諾並沒有改變。

在此用一個笑話作例子：

當我們說，「有一個大學生下海做應召女郎」，人們搖頭嘆息，「這世道真的淪落了，連大學生都如此傷風敗俗」；當我們改說，「有一個應召女郎跑去唸大學」，人們不禁讚許，「有志氣，雖然命運坎坷，卻仍願意積極上進」。

仔細想想，這不是同一件事嗎？根本就是同一個大學生，同一個應召女郎，只是講話包裝成不同說法，結果就大不相同。

人與人交流，也一定要懂得包裝。

幼教老師們都知道，當和孩子講述一個道理，最好的方式是包裝成故事，透過床邊故事讓孩子聽得津津有味，也可深入他們內心；同樣的道理，若要講給青少年聽，又要改變包裝了。要結合時下的網路社群用語，加上一些流行文化內容，這樣對方才聽得進去。

善於包裝的人，絕對是受歡迎的人。

明明是加重員工的工作負擔，但老闆交辦事情時，會包裝成一個「讓你多元化全方位發展，實現夢想的自我事業」；明明家裡舊的電器還可以用，銷售員要推銷東西給你時，不會一味強調新產品多好，而會包裝成「改變整個家的氛圍，讓你整個生活型態大升級」；就連約女孩子出門，明明是自己想找美女為伴，卻包裝成：「我知道妳最近唸書唸得很悶，體諒妳的辛勞，我特別幫妳搜尋到一個放鬆的好方法，今晚讓我陪妳去看電影吧！」

什麼事都要包裝。

言語要包裝，不要太直白。

企圖心要包裝，要改成為對方著想。

商業色彩要包裝，要妝點成實用生活的夢境。

唯一不能包裝的是不良的用心，

若用心不良，那再美的言語，終究敵不過現實的戳破。

歸根究柢，好的話語，植基於一個好的信念，就好比叫一碗刨冰，不論是芒果冰、紅豆冰、牛奶冰，統統都好吃。

Lesson 6

讓理虧者扭轉印象的談判術

談判，聽起來很商業，很有敵意，很不和平。有人覺得，談判這樣的事，不常出現在我生活裡。

其實，在一個環境裡，只要有超過一個人，就需要談判。最常見的，是媽媽和小孩的互動。

媽：「小明，還不趕快做功課去，把電視關掉。」

小明：「媽，再讓我看半個小時就好。」

媽：「不行，功課沒做完，看什麼電視？關掉！」

小明：「媽，再讓我看半小時，我保證功課會好好做，也會考前三名。」

媽：「不管，你再看十分鐘，就給我關掉。」

小明：「這幾天我有幫你洗碗，你還說我好乖的，我真的會做功課啦！」

媽：「好啦好啦！半小時後一定要關電視做功課喔！」

這就是一個標準的談判，立場雙方不同的兩個人，用盡各種方法，威脅、討好、交換條件等等，讓對方改變立場，或者至少退一步。這樣的談判，不只發生在外交場合、商務場合，更常發生在你我生活周遭。

不論是在大場面或只是小倆口間的對話，談判有一個基本原則，就是要抓住「如何一開頭就讓人喜歡你」，這點很重要，如果對方一開始就對你抱持敵意，那談判就很難進行下去。所以我們常看報紙上有關談判的新聞，經常會出現四個字：「釋出善意」。

也就是說，談判雖然看似和「受歡迎」沒關係，但其實有很大關係。

所謂「知己知彼，百戰不殆」，一個好的談判者，在上場前，絕對要先認清兩個重要資訊：

第一，要分清楚，時間站在誰那邊？

第二，你的處境是誰大誰小？

時間站在哪邊，誰就比較占優勢。一個已經急到火燒屁股的人，絕對沒空和你談：「老闆，再便宜一些啦！」、「這花色我不滿意，可以用更高一點的品質交易嗎？」有時間壓力的人沒辦法這樣要求，一定是沒時間壓力的人說了算。

處境誰大誰小，那更不待言，所謂「人在屋簷下，不得不低頭」。

但一個好的談判者，就是明明居於劣勢，還是可以靠談判，盡可能爭取到更多對自己有利的籌碼。

在談判時，一個明顯理虧的人該如何應對呢？

好比說，丈夫和同事喝酒晚歸，面對半夜仍守在家門口氣匆匆的妻子，再怎樣，丈夫也理虧了，這個局，似乎只能是一面倒的等挨罵。

或者商場上，A工廠答應今天交貨給B公司，但時間過了貨還沒趕出來，B公司老闆已經兵臨城下，興師問罪了。那A工廠老闆，要如何從劣勢中找出生機？這可關係著未來還有沒有訂單，以及商場信譽啊！

「兵來將擋，水來土掩。」理虧者面對咄咄逼人的談判對方，標準戰略就是設法「化暴戾為祥和」。

以下是A工廠張老闆的話術：

「啊，陳董事長，對於您剛剛的指責，我感到相當慚愧，我覺得之所以沒辦法完成你交代的任務，其實不能夠怪你給我這些壓力，我也不能怪現在在前線作戰的業務，因為上架時間這麼短。這些業務我要給他們打八十分，但是我給我自己打不及格。」

從他的話裡，

首先一定要認錯，這是理虧談判者絕對要做到的；

第二，設法切割自己和公司，把錯誤全攬在自己身上，但公司的能力不能因此被打折；

第三，在切割後，再解釋原因，就可以重新讓對方聚焦；

第四，道歉再道歉，依據你新設的定義，讓談判轉移焦點。

繼續上面的例子，B公司氣匆匆的來找A工廠。

而A工廠張老闆成功地將焦點轉移到自己後，才進一步解釋原因：「因為我之前太過樂觀評估，以致於信用跳票，所以你的生氣是合理的；可是他們在這麼倉猝的時間內，交出這個成績單，我是很滿意的。所以我接受你對我的不滿意，因為我準備得不夠充分，然後就冒然答應了你，這是我必須和你一再道歉的。」

最後的結果是，B公司原諒張老闆，因為他很有誠意不斷道歉，也解釋了理由；但是在過程中，張老闆卻也很技巧性的提升了公司的形象。他讓B公司老闆回去時，帶著一個印象：「A工廠的員工是很優秀的。」

後來，Ａ工廠在晚了一天後，還是交貨了。往後，這兩家公司也繼續往來，但Ｂ公司卻已產生一個制式印象：Ａ工廠人員素質不錯。

這就是理虧者談判的高招，他先讓自己被對方「接受」，靠著誠意的道歉，把對方的生氣集中到自己身上；然後，不知不覺中奉送給對方其他有利於自己的條件。

這其實不簡單，因為一般理虧者的反應有兩種。

第一種就是理虧還強辯，例如工廠老闆會說：「是你們設的期限不合理，我們才交不出來。」或者「我們已經盡力了，你們再逼也沒用。」這種談判的結果，只會讓雙方結下樑子，往後生意做不成。

第二種就是低著頭等挨罵，反正錯就錯了，我又能怎樣？就讓你罵個爽吧！反正你也不可能臨時換別家生產，讓你罵一兩小時也不會少塊肉。這種人有時候會讓另一方更生氣，講白點就是在耍賴。當談判的一方採耍賴法，等於貶低自己，這是最要不得的方式。

所謂「吃虧就是占便宜」，理虧者若能善於談判，仍然能創造新生機。

Lesson 7
處於弱勢的轉機哲學

這裡再來多談談，一個處於劣勢者該如何談判。

因為，唯有自己越處於劣勢，此時才越能凸顯你我功力，如何善用個人魅力，翻轉危機為轉機！

在我輔導過的案例中，最常見的劣勢談判方代表，就是客服中心了。

大家可以想想，民眾會沒事打電話去客服中心，講好話稱讚對方聲音好聽嗎？不會嘛！一般人會打電話去客服，十個有九個是內心帶著怨氣的。客服中心服務人員，幾乎永遠都會是理虧者，天天接聽罵人的電話。

一個客訴服務人員的話術是需要訓練的。他們都已被告知，來電者都是心中懷抱一把火，客服人員第一守則，絕對不要「火上加油」。

一些錯誤示範，例如碰到生氣的人，不要說：「先生你可以不要那麼激動嗎？」（我很生氣，你還要我不激動？）也不要說：「你有必要打來講這麼大聲嗎？」（我不爽，我就是要大聲，啊你怎樣？）

受過專業訓練的客服人員，絕不會吐出以上的話。

相反的，面對火氣旺盛的對方，客服人員講話時會不斷設法降火。

● **先認錯，但是把錯誤定位清楚**。「對不起，害你這麼生氣，是我們公司不對。」（沒說是因為產品出問題，所以我們錯，而是公司讓你生氣，所以我們錯。）

● **表現同理心**。「怪不得你那麼生氣，如果我是你，深夜手機突然不能用了，也會很生氣。」（此時，客人氣燄也小了，因為你都站在他那邊了，更何況，他知道你只是員工，又不是公司負責人。）

● **好好講**。「所以李先生，你可不可以跟我描述一下你的狀況呢？」（經過前面的滅火程序，且你方又一直輕聲細語、好言好氣的，再生氣的人此時也消火了，可以展開比較平心靜氣的談判。）

在商場上，當我們碰到氣匆匆的另一方，有時候真的是我們理虧，好比前一章所說的A工廠；有時則是狀況不明，還不知道問題出在哪裡。但是無論如何，都要善用這三招：先認錯，同理心，好好講。

如果確定是我方的錯，好比是上一章的A工廠，如何在講話時，讓對方感到心中舒坦呢？我這裡有個「道歉三部曲」：第一是道歉；第二是謝謝對方寬宏大量；第三、搬出名人的話。

例如，像上一章A工廠的例子，在B公司陳老闆罵過A工廠張老闆，也獲得他的解釋道歉後，此時陳老闆氣比較消了。這時張老闆向對方使出這三部曲：

「陳老闆啊，總之這次我們很對不起您，貨沒能趕得上今天交期，我們一定全天候趕工，明天內交給您，也非常謝謝您的寬宏大量，本人銘感在心。」

張老闆接著打出名人牌，引用企業家馬雲的話，「記得我最尊敬的中國企業家馬雲先生，他曾經說過：『人的一生要有三個機會，第一個機會，是別人給我們的機會，第二層是我們給自己機會，第三層是我們給別人機會。』我想以陳董您的level，您是到了給別人機會的時候了，真的讓我見識到您的高度了，我很佩服您。」一席話下來，原本來興師問罪的陳老闆，反而喜滋滋的回去了，心中可能還在想：「拿馬雲來和我相比耶！我是高層次、有器度的人。」

不論是作為客服人員、或公司之間的談判，很重要的一點是，即使處在弱勢，你可以道歉，但絕對不要「否定自己」。當你否定自己，你就已經失去談判的資格了，對方會想：「你都不能為自己說話了，那我現在是和誰談判？」

時常見到談判場合，一方氣匆匆，另一方則是畏畏縮縮。生氣的一方大聲說：「你沒資格和我談，趕快找一個夠資格的人出來講話。」當談判談到這地步，位居第一線的人，既不能消對方火氣，又硬是被迫把老闆這張王牌搬出來。

講句難聽的話，那公司聘請你幹嘛?!你連「談判的資格」都沒有。

人與人相處，要做到讓人喜歡你，而讓人喜歡你的前提，就是「自己要喜歡自己」。

史書中若稱讚一個善於談判的人，常會使用一個成語：「不卑不亢」，這是很高的境界。

如果雙方勢均力敵，那就用不著「不卑不亢」；或者情勢根本是你大他小，那就更不用說了。真正會應用到談判技巧的，絕對是當你處於劣勢的情況下，而所謂「時勢造英雄」，歷史上一些人物之所以出頭天，就是因為他們可以在最不利於自己的環境下，拼出一番格局。

今天起，不要怕談判，不論是和老闆、客戶、或者是老婆。

老婆：「死鬼，這麼晚你死去哪裡了？不給我說清楚，今晚絕不善罷甘休！」

老公：「對不起親愛的，讓妳等那麼晚是我的錯，我罪該萬死。說真的，看到妳那麼晚還沒睡，我真的很心疼，妳白天理家已經那麼操勞了，現在還要為我擔心，親愛的，我真的好心疼妳。」

老婆（火氣已消退不少）：「少說這有的沒的，老實說，今晚是不是去喝酒了？」

老公：「親愛的，那天我聽到一個客戶提到，他有引進國外的設計裝潢，我知道老婆妳一直對裝潢的事很關心，我心想：『如果可以幫老婆探聽一下新資訊，她一定會很高興。』所以今晚就和那位客戶去喝了點酒。搞那麼晚，害妳擔心我也不能睡，真的好心疼喔！」

老婆：「死鬼，還不去洗澡？我先回臥房等你。討厭！」

這……化干戈為玉帛，世界和平，不是挺好的嗎？

Lesson 8

向孫子兵法學談判四大招

談判的場合很多，有時候是小蝦米對大鯨魚，然後你就是那小蝦米，或者有時候你也扮演大鯨魚。但更多時候，是狀況不明，或者雙方勢均力敵，也或許對方還暗藏玄機。總之不論如何，有四種戰略，我們要隨時視狀況靈活應用。

這四種戰略，就是來自《孫子兵法》的四招：

第一，能而示之能，

第二，能而示之不能，

第三，不能而示之能，

第四，不能而示之不能。

什麼時候要「能而示之能」呢？就是談判時擺明了要讓對方知難而退，或者是居於強勢的一方，想要讓談判更順暢。

例如：「張老闆，我這裡有四千萬元的訂單，要的是A級品每 Piece 單價5元，如果你們不能承接，那我換別家了。」這種下馬威式的談判，可以少了拐彎抹角、殺價折衝的流程，意思就是：「我最大，你得聽我的，若敢不聽，那我就換掉你。」

什麼時候要「能而示之不能」，這就是談判時的一種手段，故意讓對方失去戒心，或者不讓對方得寸進尺。

例如：

甲老闆：「這是我們公司出品的卡通杯組系列，一個只要一元，送禮自用兩相宜，是我們很推薦的商品。」

乙老闆：「你們就只有這樣的貨色嗎？老實說，我們要的是更高檔的馬克杯，要一萬個。」

甲老闆：「這系列的卡通杯很實用很棒的。」

乙老闆：「可惜啦！若你有馬克杯組，我們本來可以一個出價兩元買的呢！哈哈，我先走了。」

甲老闆：「且慢！我正要跟你介紹我們公司頂級的馬克杯組呢！符合你說的一個兩元的等級。」

乙老闆：「那你剛怎麼不說？」

甲老闆：「我正要講，只是當時還沒講到。」

（其實甲老闆早就探聽到乙老闆在找一萬個馬克杯，且需求很急，故意以能示不能，讓乙老闆透露出底價，一旦說出口，他就無法反悔。）

另一種的「能而示之不能」招數，大家也都常使用。

例如行銷業務人員向你推銷東西，大家都會想盡方法擋掉，其中一種方法就是表明：「現在是月底，我錢包空了！」其實你戶頭還有很多錢。這種「能而示之不能」，就是為了不讓對方得寸進尺。

那何時要使用「不能而示之能」這招呢？

這個相信大家更常用了！最常見的是去面試時，哪一個人不是把自己功力誇大個十倍?!明明朋友不多，卻向面試官說自己「人際關係很好」，明明最大的嗜好是窩在沙發上打電玩，卻向面試官說自己「熱愛學習，不斷成長」。個人都如此了，在商場上更需要。

基本上，所有希望讓人對自己「有期待」的狀況，例如廠商要客戶跟他買東西、公司業務間需要取得另一方的訂單等等，就適用這招。

但這樣的談判有一個前提，就是你的承諾要審慎。也許當下你沒有、而和對方誇說你有，但你必須很確定，那是自己今後可以做到、或者可以用其他方法彌補的。否則若你真的做不到，還誇稱自己做得到，那就不叫談判，而是一種詐欺了。

最後一種是：「不能而示之不能」。

這也是商場上常用的。為什麼要讓自己弱點被對方看到呢？有什麼好處？這就是孫子兵法所說的「攻心為上」。

甲老闆：「我們公司下個月需要出貨五萬 pieces 的電路板，要下單買一千萬組的零件。」

乙老闆：「老陳，和你那麼熟了，我什麼事都不會隱瞞你。明白跟你說，以我們公司的產能，一個月最多只能出貨五百萬組。我不想耽誤你的交期，來，我看有沒有其他管道幫你介紹……。」

甲老闆：「謝謝你對我那麼坦白。好吧！其實我剛剛的資訊也有誤，我們是三個月後才要交貨，我只是預留多一點彈性時間，既然你坦白跟我說你的狀況，訂單還是給你吧！」

有時候，當你可以交心，換得對方的信任，反而可以得到更多。

在生活中，各個場合都可以輪流使用這四招談判戰略，好比說：

在家裡，我常和小孩說：「趕快去睡覺，不然我就把玩具全丟掉。」當然我不會真丟掉，這是以「不能而示之能」，讓孩子上床。

許多政治人物，也喜歡「不能而示之能」，你看那些高喊口號的政治人物們，有幾個真正後來秀出「能」的?!

放眼生活周遭，那些能將這四種招式應用得如行雲流水的人，通常都是談判高手，也往往是在商場或生活中備受喜愛的人。

一開口就讓人喜歡你【暢銷紀念版】

作　　者／黃正昌
美術編輯／申朗創意
責任編輯／吳永佳

總 編 輯／賈俊國
副總編輯／蘇士尹
編　　輯／黃欣
行銷企畫／張莉滎、蕭羽猜、溫于閎

發 行 人／何飛鵬
出　　版／布克文化出版事業部
台北市中山區民生東路二段 141 號 8 樓
電話：(02)2500-7008　傳真：(02)2502-7676
Email：sbooker.service@cite.com.tw
發　　行／英屬蓋曼群島商家庭傳媒股份有限公司城邦分公司
台北市中山區民生東路二段 141 號 2 樓
書虫客服服務專線：(02)2500-7718；2500-7719
24 小時傳真專線：(02)2500-1990；2500-1991
劃撥帳號：19863813；戶名：書虫股份有限公司
讀者服務信箱：service@readingclub.com.tw
香港發行所／城邦（香港）出版集團有限公司
香港九龍九龍城土瓜灣道 86 號順聯工業大廈 6 樓 A 室
電話：+852-2508-6231　　傳真：+852-2578-9337
Email：hkcite@biznetvigator.com
馬新發行所／城邦（馬新）出版集團 Cité (M) Sdn. Bhd.
41, Jalan Radin Anum, Bandar Baru Sri Petaling,
57000 Kuala Lumpur, Malaysia
電話：+603- 9057-8822　　傳真：+603- 9057-6622
Email：cite@cite.com.my
印　　刷／卡樂彩色製版印刷有限公司
二版 1 刷／ 2024 年 02 月
定　　價／ 380 元
ISBN ／ 978-626-7431-02-3
EISBN ／ 978-626-7431-01-6 (EPUB)

城邦讀書花園　布克文化
www.cite.com.tw　WWW.SBOOKER.COM.TW